DEIN COACH ZUM ERFOLG!

So geht's ins ActiveBook:

Du kannst auf die Hördateien und alle digitalen Inhalte zu diesem Band online zugreifen. Registriere dich dazu unter **www.stark-verlag.de/mystark** mit deinem **persönlichen Zugangscode:**

11155ML-004176

gültig bis 31. Juli 2021

Das ActiveBook *bietet dir:*

- Viele interaktive Übungsaufgaben zu prüfungsrelevanten Kompetenzen
- Tipps zur Bearbeitung der Aufgaben
- Sofortige Ergebnisauswertung und detailliertes Feedback
- „MindCards" und Lernvideos zum gezielten Wiederholen zentraler Inhalte

ActiveBook

DEIN COACH ZUM ERFOLG!

So kannst du interaktiv lernen:

Interaktive Aufgaben

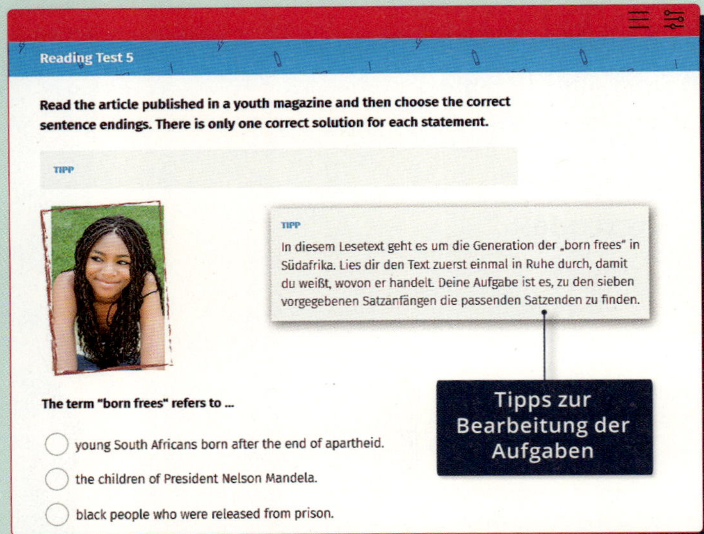

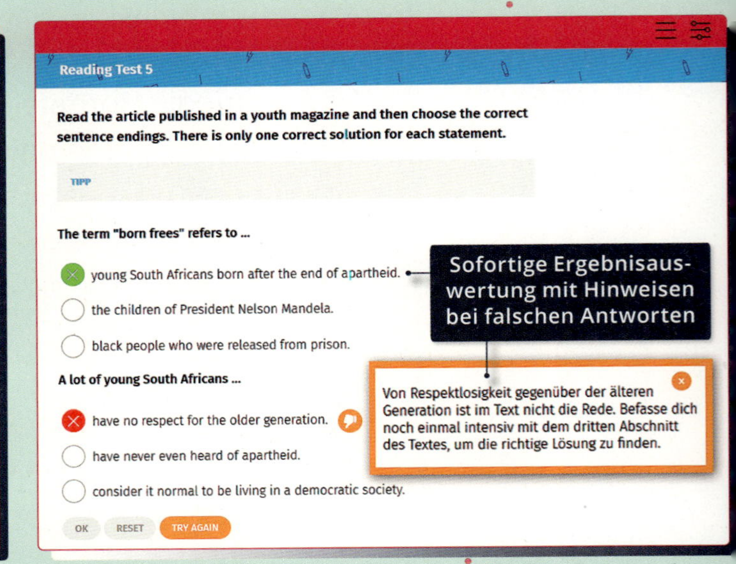

Lernvideos

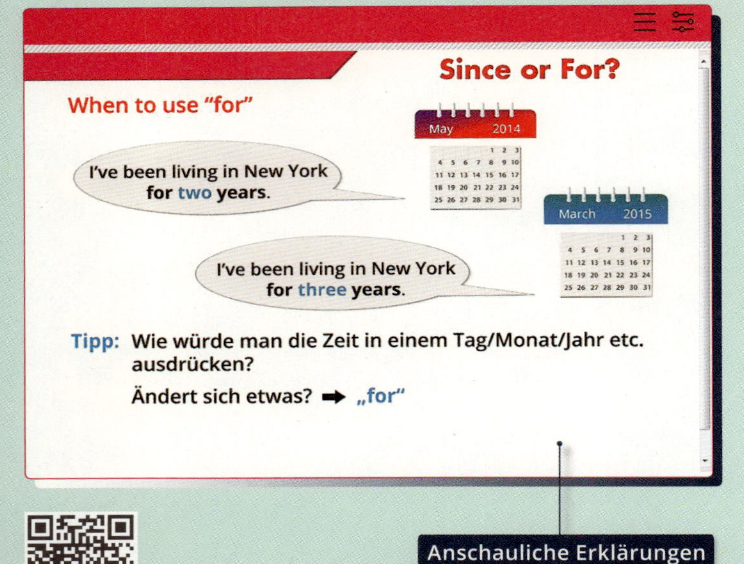

Anschauliche Erklärungen zur Grammatik und Tipps zum Vokabellernen

Lernvideos

Web-App „MindCards"

Systemvoraussetzungen:
- Windows 7/8/10 oder Mac OS X ab 10.9
- Mindestens 1024×768 Pixel Bildschirmauflösung
- Chrome, Firefox oder ähnlicher Webbrowser
- Internetzugang

Speaking

Writing

2020

Training MSA · eBBR

Berlin · Brandenburg

Englisch

Bildnachweis

Deckblätter

S. 1 Deckblatt „Kurzgrammatik" © Africa Studio. Shutterstock
S. 31 Deckblatt „Hinweise, Tipps und Übungsaufgaben" © 123rf.com
S. 109 Deckblatt „Original-Aufgaben" © wavebreakmedia. Shutterstock

Listening

S. 37 Wettersymbole © 123rf.com; Schwimmbad © Michael Panse/flickr.com; Minigolf © Kiran Foster/flickr.com; Tennishalle © alan64/istock; Raucher © Kodda. Shutterstock
S. 38 Zug © scanrail.123rf.com; Bus © nerthuz.123rf.com; Taxi © 2117717. Shutterstock; Metro-Schild © andreahast.123rf.com
S. 39 Orangensaft © 123rf.com; Geschirr © therpsihora.123rf.com; Musikanlage © 123rf.com; Geburtstagskuchen © Sandra van der Steen. Shutterstock; Tickets © ghenadie. Shutterstock; 10 Pfund © Miran Rijavec/flickr.com; Tischtennis © 3DMAVR. Shutterstock
S. 40 Mädchen im Bett © Patrizia Tilly. Shutterstock; Disco © 123rf.com; Konzert © Anna Omelchenko. Shutterstock; Internetcafé © YanLev. Shutterstock; Mädchen Fernseher © runzelkorn. Shutterstock; Kino © razihusin.123rf.com; Restaurantzeichen © donsimon. Shutterstock
S. 41/42 Musikanlage © 123rf.com
S. 43 „John" © Studio 8. Pearson Education Ltd; „Olivia" © Jon Barlow. Pearson Education Ltd; „Hailey" © East. Shutterstock; „Carte © Monkey Business Images. Shutterstock; „Josh" © Jon Barlow. Pearson Education Ltd
S. 44 „Maria" © Jeff Cleveland. Shutterstock; „Heike" © andersonrise.123rf.com; „Jake" © PT Images. Shutterstock; Sydney Funnel-web spider © James van den Broek. Shutterstock; Blue-ringed octopus © 1608407. Shutterstock; croc © Dr. J. Beller. Shutterstock
S. 45 Prom © Zlatko Guzmic. Shutterstock
S. 46 Apfel (aus Obst und Gemüse geformt) © Can Stock Photo Inc./ifong
S. 47 no smartphone © tul.123rf.com

Reading

S. 52/53 Baked Beans, Heat Cream, English Gravy, Cough Medicine, key, parking metre © Paul Jenkinson
S. 54–57 Schilder und Job Ads © Redaktion
S. 61 Grafton Street © Donaldytong, lizenziert unter CC BY-SA 3.0; National Gallery © Jean Housen, lizenziert unter CC BY-SA 3.0; Temple Bar © myself, lizenziert unter CC BY 3.0; Trinity College Library © Diliff, lizenziert unter CC BY-SA 4.0; Kilmainham Gaol © Velvet, lizenziert unter CC BY-SA 3.0; St Patrick's Cathedral © Eg004713 | Dreamstime.com
S. 62 „Kim" © sam74100.123rf.com; „Matthew" © stockbroker.123rf.com; „Rebecca" © rosipro.123rf.com; „Jack" © highwaystarz.123rf.com; „Jordan" © Goodluz. Shutterstock
S. 63 „Jackie" © 123rf.com; „Becky" © Tetra Images. Shutterstock; „Mark" © Phase4Studios. Shutterstock; „Jane" © Samuel Borges Photography. Shutterstock; „Conor" © Lenar Musin. Shutterstock
S. 64 Anzeigen © Redaktion
S. 65 „Philip" © vgstudio. Shutterstock; „Holly" © Darrin Henry. Shutterstock; „Freya" © CandyBox Images. Shutterstock; „Ryan" © paulaphoto. Shutterstock; „Caitlin" © Syda Productions. Shutterstock
S. 66 Segelboot © Repina Valeriya. Shutterstock; Route 66 © Andrey Bayda. Shutterstock; Grastunnel © Petar Paunchev. Shutterstock; Tepee Camp © Everett Historical. Shutterstock; Garten © Tatiana Grozetskaya. Shutterstock; Spukhaus © 123rf.com; Hadrian's Wall © Jule_Berlin. Shutterstock
S. 67 „Mbali" © Can Stock Photo Inc. | keeweeboy
S. 70 „Win" © Woraphon Banchobdi/Dreamstime.com
S. 74 Bootcamp © Cameron Pashak/www.istockphoto.com

Writing and Mediation

S. 85 „Carrie" © creatista.123rf.com; Caber Tossing © Jamie Roach/Dreamstime.com
S. 86 „Kevin" © rui vale sousa. Shutterstock; Shark Diving © By Kalanz from Honolulu, Hawaii (Sharks outside cage) CC BY-SA 2.0
S. 87 „Daniel" © Rido. Shutterstock; Silent Disco © Cleo Leng/flickr.com
S. 88 Sängerin © Amitofo. Shutterstock
S. 89 Popeye-Tattoo © Pearson Education, Inc.
S. 90 Junge am Bahnhof © Can Stock Photo Inc./chalabala
S. 91 Karneval der Kulturen © Panic/Wikimedia, CC BY-SA 3.0
S. 93 Hotel Grenzfall © Hotel Grenzfall/KD Bank
S. 95 Street Art Berlin © Adrià Ariste Santacreu/flickr.com
S. 98 Au Pair © Anita Patterson Peppers/Dreamstime.com; Hotelfachfrau © Can Stock Photo Inc./Ikonoklast

Mündliche Prüfung

S. 105 Schild „Coffee" © Can Stock Photo Inc./evasplace; Gemälde mit Booten © Can Stock Photo Inc./borojoint; Pinnwand © Can Stock Photo Inc./mflippo; Handabdrücke © Can Stock Photo Inc./RobertSchneider; Notizzettel mit Pinnnadeln © amasterphotographer. Shutterstock; Mädchen in Klassenzimmer © Emil Kudahl Christensen/Dreamstime.com; WORLD AIDS Day © Allies Interactive Services Private Limited/Dreamstime.com; Holzzug © Ntcandrej/Dreamstime.com; Hund mit verletzter Pfote © Susan Schmitz. Shutterstock; Umweltgruppe © Wavebreakmedia Ltd/Dreamstime.com
S. 106 Postkarten © maigi. Shutterstock; Plastiktüte © jocic. Shutterstock; Smartphone © Alexey Boldin. Shutterstock; Notizbuch © Can Stock Photo Inc./noskov; Zeitkapsel © Can Stock Photo Inc./marylooo; Strand mit Palmen © Corel Corp.
S. 107 Skifahrer vor Bergpanorama © Walter Christ; Elefant im Zoo © Paul Jenkinson; Angler © Paul Jenkinson
S. 108 Skyline Stadt © Paul Jenkinson; Kühe am Wasser © Paul Jenkinson

Die Hintergrundgeräusche der MP3-Audio-Dateien stammen aus folgenden Quellen: Freesound, Pacdv, Partners in Rhyme und Soundsnap.

14. neu bearbeitete Auflage
www.stark-verlag.de

Inhalt

Audio-Dateien 

Hinweis: Die Audio-Dateien kannst du über den Zugangscode freischalten, den du auf den Farbseiten zu Beginn des Buches findest.

Sprecherinnen und Sprecher der Audio-Dateien: V. Bäuml, D. Beaver, E. Filer, B. Gaulton, E. Gilvray, D. Holzberg, R. Jeannotte, P. Jenkinson, J. Kistler, B. Krzoska, K. Lawler, N. Lizama, J. Mikulla, C. Rees, K. Rittmayr, I. Stewart, R. Teear, B. Tendler

Sollten nach Erscheinen dieses Bandes noch wichtige Änderungen in der MSA- und eBBR-Prüfung vom LISUM Berlin-Brandenburg bekannt gegeben werden, findest du aktuelle Informationen dazu im Internet unter:
www.stark-verlag.de/pruefung-aktuell

Autorinnen und Autoren

Patrick Charles, Heinz Gövert, Paul Jenkinson, Frank Lemke, Caroline Neu-Costello, Kathryn Nussdorf, Wencke Sockolowsky (Übungsaufgaben)
Frank Lemke, Kathryn Nussdorf (Lösungen MSA/eBBR 2019)

Vorwort

Liebe Schülerin, lieber Schüler,
dieses Buch hilft dir bei der selbstständigen und langfristigen Vorbereitung auf die Prüfung zum Erwerb des **Mittleren Schulabschlusses (MSA)** bzw. der **erweiterten Berufsbildungsreife (eBBR)** in Berlin. Auch Brandenburger Schüler*innen an Ober- bzw. Gesamtschulen können sich damit auf ihre Prüfungen zum Erwerb der **Fachoberschulreife (FOR)** bzw. der **erweiterten Bildungsreife (EBR)** vorbereiten.

- In der **Kurzgrammatik** werden alle wichtigen grammatischen Themen knapp erläutert und an Beispielsätzen veranschaulicht. Hier kannst du nachschlagen, wenn du in der Grammatik einmal unsicher sein solltest.
- Zu einigen grammatischen Strukturen, mit denen erfahrungsgemäß viele Lernende Schwierigkeiten haben, gibt es zusätzlich **Lernvideos**. Auf den Farbseiten ganz vorne im Buch findest du einen Link zu der Plattform „MyStark“, von der du dir nach Eingabe deines persönlichen Zugangscodes die Videos herunterladen kannst. Mithilfe deines Smartphones oder Tablets kannst du außerdem den QR-Code scannen, so gelangst du schnell und einfach zu den Lernvideos.

- Die folgenden Kapitel widmen sich je einem **Kompetenzbereich**, den du für deine Prüfung beherrschen musst: *Listening* (Prüfungsteil in Berlin und Brandenburg), *Reading* (Prüfungsteil in Berlin und Brandenburg), *Writing & Mediation* (Prüfungsteil in Berlin), *Speaking* (Prüfungsteil in Berlin und gegebenenfalls in Brandenburg). In den ersten Abschnitten erfährst du jeweils, welche Anforderungen auf dich zukommen können und wie du dich am besten darauf vorbereitest. Anhand der **Übungen** kannst du trainieren, wie man mit möglichen Aufgabenstellungen umgeht und wie man sie erfolgreich löst.
- **ActiveBook:** Die Prüfungsteile **Hör- und Leseverstehen** kannst du auch **digital trainieren**. Auf der Plattform „MyStark“ (vgl. Code auf den Farbseiten) findest du dieses **interaktive Prüfungstraining** sowie eine Sammlung weiterer abwechslungsreicher Aufgaben, mit denen du deine **sprachlichen Grundlagen** wie Wortschatz und Grammatik verfeinern kannst.
- Eine Auswahl **hilfreicher Wendungen**, die dir sicherlich in den unterschiedlichsten Bereichen nützlich sein werden, erleichtert dir das selbstständige Verfassen von Texten sowie die Vorbereitung auf den *Speaking Test*. Auch diese wichtigen Wortschatzelemente kannst du digital üben. Die sogenannten „MindCards“, interaktive Vokabelkärtchen, sind für die Arbeit am Smartphone oder Tablet bestens geeignet. Du kannst sie über die QR-Codes oder über die folgenden Links (https://www.stark-verlag.de/mindcards/speaking-1; https://www.stark-verlag.de/mindcards/writing-1) einfach und schnell abrufen.

MindCards Speaking

MindCards Writing

- Zu den **Hörverstehenstexten** der Übungsaufgaben und der Original-Prüfung 2019 gelangst du ebenfalls über die Plattform „MyStark“ (vgl. Code auf den Farbseiten).
- Das beiliegende **Lösungsheft** enthält ausführliche Lösungsvorschläge und hilfreiche Hinweise und Tipps zum Lösen der Aufgaben.
- Anhand der **Original-Prüfungsaufgaben 2019** kannst du deine Kenntnisse „unter Prüfungsbedingungen“ testen. Eine umfangreiche **Sammlung zahlreicher Prüfungsaufgaben der letzten Jahre** enthält das Buch „MSA und eBBR 2020: Original-Prüfungsaufgaben mit Lösungen Berlin/Brandenburg Englisch“ (Bestell-Nr. 1115501). Es ist insbesondere für die **Vorbereitungsphase unmittelbar vor der Abschlussprüfung** gedacht.

Viel Spaß beim Üben und viel Erfolg in der Prüfung!

MSA/eBBR/FOR/EBR – 10 wichtige Fragen und Antworten

Welchen Abschluss kann ich durch die Prüfung erwerben?

1 In Berlin und Brandenburg finden gemeinsam die zentralen schriftlichen Prüfungen zum Erwerb der **Abschlüsse am Ende der 10. Klasse** statt. Dies sind:

- in **Berlin** der **Mittlere Schulabschluss** (**MSA**) oder die **erweiterte Berufsbildungsreife** (**eBBR**);
- in **Brandenburg** die **Fachoberschulreife** (**FOR**) oder die **erweiterte Berufsbildungsreife** (**EBR**).

Für die verschiedenen Abschlüsse gibt es **eine gemeinsame Prüfung** – welchen Abschluss du erwirbst, hängt von der Anzahl der Punkte ab, die du in der Prüfung erreichst.

Was wird geprüft?

2 Die Prüfung umfasst **drei schriftliche** Arbeiten, je eine in **Deutsch** und **Mathematik** sowie in der ersten **Fremdsprache**.

- Zusätzlich muss in **Berlin** eine **mündliche Prüfung** in der ersten Fremdsprache sowie eine **Präsentationsprüfung** in einem weiteren Fach abgelegt werden.
- In **Brandenburg** findet die **mündliche Prüfung** in einer spätestens in der 7. Jahrgangsstufe begonnenen Fremdsprache statt, kann also ebenso wie die schriftliche Prüfung in der ersten oder aber in der zweiten Fremdsprache abgelegt werden. Freiwillig kann noch eine zusätzliche mündliche Prüfung in einem anderen Fach gewählt werden.

Wann findet die Prüfung statt?

3 Die schriftliche Prüfung in Englisch zum Erwerb von MSA oder eBBR bzw. FOR oder EBR findet am **Dienstag, den 05. Mai 2020** statt.

Wie ist die schriftliche Prüfung im Fach Englisch aufgebaut?

4 Je nachdem, ob du die Prüfung in Berlin oder in Brandenburg ablegst, besteht sie aus drei (Berlin) oder zwei Teilen (Brandenburg).

- In beiden Bundesländern beginnt die Prüfung mit dem **Hörverstehensteil** *(Listening)*. Dieser ist für Berlin und Brandenburg identisch.
- In **Berlin** schließen sich daran die beiden weiteren Prüfungsteile **Leseverstehen** *(Reading)* und **Schreiben/Sprachmittlung** *(Writing/Mediation)* an.
- In **Brandenburg** besteht der zweite Teil deiner Prüfung nur aus den **Leseverstehensaufgaben** *(Reading)*. Auch dieser Prüfungsteil entspricht den Berliner Aufgaben.

Wieviel Zeit habe ich?

5 Der Hörverstehensteil dauert insgesamt **45 Minuten**. Anschließend hast du in Berlin für die Bearbeitung der weiteren beiden Teile insgesamt **105 Minuten** Zeit. In Brandenburg sind für den weiteren Prüfungsteil Leseverstehen **60 Minuten** vorgesehen. Daraus ergibt sich für Berliner Schüler*innen eine Gesamtarbeitszeit von 150 Minuten, die Prüfung der Brandenburger Schüler*innen dauert insgesamt 105 Minuten.

Welche Aufgabentypen kommen vor?

6 Es gibt verschiedene Arten von Aufgaben: In den Prüfungsteilen Hör- und Leseverstehen musst du in der Regel **geschlossene und halboffene Aufgaben** bearbeiten. Der Berliner Prüfungsteil Schreiben/Sprachmittlung, der die eigene Textproduktion verlangt, beinhaltet **offene Aufgaben**.

- Bei **geschlossenen Aufgaben** gibt es in der Regel keinen Spielraum, das heißt, es ist nur genau eine Antwort richtig. Oft handelt es sich um Multiple-Choice-Aufgaben oder Zuordnungsaufgaben mit eindeutigen Lösungen.
- Auch bei **halboffenen Aufgaben** wird eine ganz bestimmte Lösung erwartet, jedoch musst du diese Fragen mit eigenen Worten beantworten und hast somit eine gewisse Freiheit in der Ausgestaltung der Lösung.
- Bei **offenen Aufgaben** gibt es viele Lösungsmöglichkeiten; du kannst deine Antwort frei formulieren.

Genauere Hinweise zu den in den einzelnen Prüfungsteilen zu erwartenden Aufgaben findest du im Übungsteil.

Wie gehst du am besten vor?

7 Auch hierzu findest du im Übungsteil genauere Schritt-für-Schritt-Erläuterungen zu den einzelnen Kompetenzbereichen.

Gibt es inhaltliche Schwerpunkte?

8 Nein, alle Themen des Rahmenlehrplans können Gegenstand der Prüfung sein. Aber keine Sorge, du wirst kein detailliertes inhaltliches Wissen wiedergeben müssen. Vielmehr sollen deine sprachlichen Fähigkeiten abgeprüft werden. Das wird im Rahmen weitestgehend bekannter oder durch das gegebene Material eindeutig erschließbarer Themenfelder geschehen.

Darf ich ein Wörterbuch benutzen?

9 Nein, das ist leider nicht erlaubt.

Wie wird die Prüfung bewertet?

10 Für den Erwerb der eBBR (bzw. EBR) musst du grundlegende Aufgaben lösen, für den MSA (bzw. die FOR) zusätzlich noch anspruchsvollere Aufgaben, die durch ein Sternchen (✶) gekennzeichnet sind. Du kannst für beide Niveaustufen alle Aufgaben bearbeiten, es ist also nicht entscheidend, in welchen Aufgaben du Punkte erzielst. Für den jeweils höheren Abschluss (MSA oder FOR) musst du aber mehr Aufgaben richtig gelöst haben als für den niedrigeren (eBBR bzw. EBR).

Kurzgrammatik

Kurzgrammatik

Auch wenn in deiner Prüfung keine reinen Grammatikaufgaben gestellt werden, musst du zeigen, dass du grammatikalisch korrekte Sätze bilden kannst. Indirekt werden deine Grammatikkenntnisse also in allen Kompetenzbereichen überprüft, besonders dann, wenn du eigenständig formulieren musst. Hier findest du die wichtigsten Grammatikregeln mit prägnanten Beispielen. Zu einigen Themen stehen dir zusätzlich Lernvideos ▶ zur Verfügung. Die mit * gekennzeichneten Bereiche der Grammatik musst du nicht aktiv beherrschen. Sie werden hier der Vollständigkeit halber erklärt.

1 Besonderheiten einiger Wortarten

1.1 Adjektive und Adverbien – *Adjectives and Adverbs*

Bildung und Verwendung von Adverbien – *Formation and Use of Adverbs*

Regel	Beispiel		
Bildung Adjektiv + *-ly*	glad	→	gladly
Ausnahmen: • in mehrsilbigen Adjektiven wird -y am Wortende zu *-i*	easy funny	→ →	easily funnily
• stummes *-e* entfällt bei *due, true, whole*	true	→	truly
• auf einen Konsonanten folgendes *-le* wird zu *-ly*	simple probable	→ →	simply probably
• *-ic* wird zu *-ically*	fantastic	→	fantastically
Ausnahme:	public	→	publicly
Beachte • Unregelmäßig gebildet wird:	good	→	well
• Endet das Adjektiv auf *-ly*, so kann kein Adverb gebildet werden; man verwendet deshalb: *in a* + Adjektiv + *manner*/*way*.	friendly	→	in a friendly manner
• In einigen Fällen haben Adjektiv und Adverb dieselbe Form.	daily, early, fast, hard, long, low, weekly, yearly		
• Manche Adjektive bilden zwei Adverbformen, die sich in der Bedeutung unterscheiden, z. B.:			

Adj./Adv.	Adv. auf -ly	Beispiel
hard schwierig, hart	*hardly* kaum	The task is hard. (adjective) *Die Aufgabe ist schwierig.*
late spät	*lately* neulich, kürzlich	She works hard. (adverb) *Sie arbeitet hart.*
near nahe	*nearly* beinahe	She hardly works. (adverb) *Sie arbeitet kaum.*

Verwendung Adverbien bestimmen	
• Verben,	She easily found her brother in the crowd. *Sie fand ihren Bruder leicht in der Menge.*
• Adjektive,	This band is extremely famous. *Diese Band ist sehr berühmt.*
• andere Adverbien oder	He walks extremely quickly. *Er geht äußerst schnell.*
• einen ganzen Satz näher.	Fortunately, nobody was hurt. *Glücklicherweise wurde niemand verletzt.*
Beachte Nach bestimmten Verben, die einen **Zustand** ausdrücken, steht nicht das Adverb, sondern das Adjektiv, z. B.: *to be* – sein *to seem* – scheinen *to stay* – bleiben	Everything seems quiet. *Alles scheint ruhig (zu sein).*
Nach manchen Verben kann entweder ein Adjektiv oder ein Adverb folgen (z. B. nach *to feel, to look, to smell, to taste*). Mit Adverb beschreiben diese Verben eine **Tätigkeit**, mit Adjektiv eine **Eigenschaft** des Subjekts.	Harry looks happy. (Eigenschaft) *Harry sieht glücklich aus.* ↔ Harry looks happily at his cake. (Tätigkeit) *Harry schaut glücklich auf seinen Kuchen.*

Steigerung des Adjektivs – *Comparison of Adjectives*

Bildung Man unterscheidet:	
• Grundform / Positiv *(positive)*	Peter is young.
• 1. Steigerungsform / Komparativ *(comparative)*	Jane is younger.
• 2. Steigerungsform / Superlativ *(superlative)*	Paul is the youngest.

Steigerung auf *-er, -est*	
• einsilbige Adjektive	old, older, oldest *alt, älter, am ältesten*
• zweisilbige Adjektive, die auf *-er, -le, -ow* oder *-y* enden	clever, cleverer, cleverest *klug, klüger, am klügsten* simple, simpler, simplest *einfach, einfacher, am einfachsten* narrow, narrower, narrowest *eng, enger, am engsten* funny, funnier, funniest *lustig, lustiger, am lustigsten*

Beachte
- stummes *-e* am Wortende entfällt — simple, simpler, simplest
- nach einem Konsonanten wird *-y* am Wortende zu *-i-* — funny, funnier, funniest
- nach betontem Vokal wird ein Konsonant am Wortende verdoppelt — fit, fitter, fittest

Steigerung mit *more …, most …*
- zweisilbige Adjektive, die nicht auf *-er, -le, -ow* oder *-y* enden — useful, more useful, most useful
  nützlich, nützlicher, am nützlichsten
- Adjektive mit drei und mehr Silben — difficult, more difficult, most difficult
  schwierig, schwieriger, am schwierigsten

Steigerungsformen im Satz – *Sentences with Comparisons*

Bildung

Es gibt folgende Möglichkeiten, Steigerungen im Satz zu verwenden:

- **Grundform:**
  Zwei oder mehr Personen oder Sachen sind **gleich oder ungleich**:
  (not) as + Grundform des Adjektivs + *as*

  Anne is as tall as John.
  Anne ist genauso groß wie John.

  John is not as tall as Steve.
  John ist nicht so groß wie Steve.

- **Komparativ:**
  Zwei oder mehr Personen oder Sachen sind **verschieden** (größer / besser / …):
  Komparativ des Adjektivs + *than*

  Steve is taller than Anne.
  Steve ist größer als Anne.

- **Superlativ:**
  Eine Person oder Sache wird **besonders hervorgehoben** (der / die / das größte / beste / …):
  the + Superlativ des Adjektivs

  Steve is one of the tallest boys in class.
  Steve ist einer der größten Jungen in der Klasse.

Steigerung des Adverbs – *Comparison of Adverbs*

Adverbien können wie Adjektive auch gesteigert werden.

- Adverbien auf *-ly* werden mit *more, most* bzw. mit *less, least* gesteigert.

  She talks more quickly than John.
  Sie spricht schneller als John.

- Adverbien, die dieselbe Form wie das Adjektiv haben, werden mit *-er, -est* gesteigert.

  fast – faster – fastest
  early – earlier – earliest

Unregelmäßige Steigerung – *Irregular Comparisons*

Unregelmäßig gesteigerte Formen muss man auswendig lernen. Einige wichtige Formen sind hier angegeben:

good – better – best
bad – worse – worst
well – better – best
badly – worse – worst
little – less – least
much – more – most

Die Stellung von Adverbialen im Satz – *The Position of Adverbials in Sentences*

Adverbien können verschiedene Positionen im Satz einnehmen:

- Am **Anfang des Satzes**, vor dem Subjekt *(front position)*

  Tomorrow, he will be in London.
  Morgen [betont] wird er in London sein.

  Unfortunately, I can't come to the party.
  Leider kann ich nicht zur Party kommen.

- **Im Satz** *(mid position)*:
  vor dem Vollverb

  She often goes to school by bike.
  Sie fährt oft mit dem Rad in die Schule.

  nach *to be*

  She is already at home.
  Sie ist schon zu Hause.

  nach dem ersten Hilfsverb

  You can even go swimming there.
  Man kann dort sogar schwimmen gehen.

- Am **Ende des Satzes** *(end position)*

  He will be in London tomorrow.
  Er wird morgen in London sein.

  Gibt es mehrere adverbiale Bestimmungen am Satzende, so gilt die **Reihenfolge**:
  Art und Weise – Ort – Zeit
  (manner – place – time)

  The snow melts slowly in the mountains at springtime.
  Im Frühling schmilzt der Schnee langsam in den Bergen.

1.2 Artikel – *Article*

Der **bestimmte Artikel** steht, wenn man von einer **ganz bestimmten Person oder Sache** spricht.

The cat is sleeping on the sofa.
Die Katze schläft auf dem Sofa. [nicht irgendeine Katze, sondern eine bestimmte]

Beachte
Der bestimmte Artikel steht **immer** bei:

- **abstrakten Begriffen**, die näher erläutert sind

  The agriculture practised in the USA is very successful.
  Die Landwirtschaft, wie sie in den USA praktiziert wird, ist sehr erfolgreich.

- **Gebäudebezeichnungen**, wenn man vom Gebäude selbst spricht

The school should be renovated soon.
Die Schule (= das Schulgebäude) sollte bald renoviert werden.

- **Eigennamen im Plural** (z. B. bei Familiennamen, Gebirgen, Inselgruppen, einigen Ländern)

the Johnsons, the Rockies, the Hebrides, the Netherlands, the USA

- Namen von **Flüssen** und **Meeren**

the Mississippi, the North Sea, the Pacific Ocean

Der **unbestimmte Artikel** steht, wenn man von einer **nicht näher bestimmten Person oder Sache** spricht.

A man is walking down the road.
Ein Mann läuft gerade die Straße entlang. [irgendein Mann]

Beachte
Der unbestimmte Artikel steht **häufig** bei:

- **Berufsbezeichnungen** und **Nationalitäten**

She is an engineer. *Sie ist Ingenieurin.*
He is a Scot(sman). *Er ist Schotte.*

- Zugehörigkeit zu einer **Religion** oder **Partei**

She is a Catholic. *Sie ist Katholikin.*

Es steht **kein Artikel** bei:

- **nicht zählbaren** Nomen wie z. B. **Stoffbezeichnungen**

Gold is very valuable.
Gold ist sehr wertvoll.

- **abstrakten Nomen** ohne nähere Bestimmung

Buddhism is widespread in Asia.
Der Buddhismus ist in Asien weitverbreitet.

- **Bezeichnungen für Gruppen von Menschen**, z. B. *man (= der Mensch bzw. alle Menschen), society*

Man is responsible for global warming.
Der Mensch ist für die Klimaerwärmung verantwortlich.

- **Institutionen**, z. B. *school, church, university, prison*

School starts at 9 a.m.
Die Schule beginnt um 9 Uhr.

- **Mahlzeiten**, z. B. *breakfast, lunch*

Dinner is at 8 p.m.
Das Abendessen ist um 20 Uhr.

- *by* + **Verkehrsmittel**

I went to school by bike.
Ich fuhr mit dem Fahrrad zur Schule.

- **Personennamen** (auch mit Titel) oder **Verwandtschaftsbezeichnungen**, die wie Namen verwendet werden

Tom, Mr Scott, Queen Elizabeth II, Dr Hill, Dad, Uncle Harry

- Bezeichnungen für **Straßen**, **Plätze**, **Brücken**, **Parkanlagen**

Fifth Avenue, Trafalgar Square, Westminster Bridge, Hyde Park

- Namen von **Ländern**, **Kontinenten**, **Städten**, **Seen**, **Inseln**, **Bergen**

France, Asia, San Francisco, Loch Ness, Corsica, Ben Nevis

1.3 Pronomen – *Pronouns*

Possessivbegleiter und -pronomen – *Possessive Determiners and Pronouns*

„Possessiv“ bedeutet **besitzanzeigend**.
Man verwendet diese Formen, um zu sagen, **wem etwas gehört**.
Man unterscheidet Possessivbegleiter, die mit einem Substantiv stehen, und Possessivpronomen (sie ersetzen ein Substantiv):

mit Substantiv	ohne Substantiv			
my	*mine*	This is my bike.	–	This is mine.
your	*yours*	This is your bike.	–	This is yours.
his / her / its	*his / hers / –*	This is her bike.	–	This is hers.
our	*ours*	This is our bike.	–	This is ours.
your	*yours*	This is your bike.	–	This is yours.
their	*theirs*	This is their bike.	–	This is theirs.

Reflexivpronomen – *Reflexive Pronouns*

Reflexivpronomen *(reflexive pronouns)*, also **rückbezügliche Fürwörter**, **beziehen sich auf das Subjekt** des Satzes **zurück**:

myself	I will look after myself.
yourself	You will look after yourself.
himself / herself / itself	He will look after himself.
ourselves	We will look after ourselves.
yourselves	You will look after yourselves.
themselves	They will look after themselves.

Beachte

- Einige Verben stehen ohne Reflexivpronomen, obwohl im Deutschen mit „mich, dich, sich etc.“ übersetzt wird.

  I apologise …
  Ich entschuldige mich …
  He is hiding.
  Er versteckt sich.

- Einige Verben können sowohl mit einem Objekt als auch mit einem Reflexivpronomen verwendet werden. Dabei ändert sich die Bedeutung, z. B. bei *to enjoy* und *to help*.

  He is enjoying the party. (Verb mit Objekt)
  Er genießt die Party.
  She is enjoying herself. (Verb mit Reflexivpronomen)
  Sie amüsiert sich.
  He is helping the child. (Verb mit Objekt)
  Er hilft dem Kind.
  Help yourself! (Verb mit Reflexivpronomen)
  Bedienen Sie sich!

Reziprokes Pronomen – *Reciprocal Pronoun ("each other/one another")*

each other/one another ist unveränderlich. Es bezieht sich auf **zwei oder mehr Personen** und wird mit „sich (gegenseitig)"/„einander" übersetzt.

They looked at each other and laughed.
Sie schauten sich (gegenseitig) an und lachten.
oder:
Sie schauten einander an und lachten.

Beachte
Einige Verben stehen ohne *each other*, obwohl im Deutschen mit „sich" übersetzt wird.

to meet	*sich treffen*
to kiss	*sich küssen*
to fall in love	*sich verlieben*

1.4 Präpositionen – *Prepositions*

Präpositionen *(prepositions)* sind Verhältniswörter. Sie drücken **räumliche, zeitliche oder andere Arten von Beziehungen** aus.

The ball is under the table.
He came home after six o'clock.

Die wichtigsten Präpositionen mit Beispielen für ihre Verwendung:

- *at*
  Ortsangabe: *at home*
  Zeitangabe: *at 3 p.m.*

  I'm at home now. *Ich bin jetzt zu Hause.*
  He arrived at 3 p.m. *Er kam um 15 Uhr an.*

- *by*
  Angabe des Mittels: *by bike*

  She went to work by bike.
  Sie fuhr mit dem Rad zur Arbeit.

  Angabe des Verursachers (in Passivsätzen): *by a bus*

  Her car was hit by a bus.
  Ihr Auto wurde von einem Bus angefahren.

  Angabe der Ursache: *by mistake*

  He did it by mistake.
  Er hat es aus Versehen getan.

  Zeitangabe: *by tomorrow*

  You will get the letter by tomorrow.
  Du bekommst den Brief bis (spätestens) morgen.

- *for*
  Zeitdauer: *for hours*

  We waited for the bus for hours.
  Wir warteten stundenlang auf den Bus.

- *from*
  Ortsangabe: *from Dublin*

  Ian is from Dublin.
  Ian kommt aus Dublin.

  Zeitangabe: *from nine to five*

  We work from nine to five.
  Wir arbeiten von neun bis fünf Uhr.

- *in*
  Ortsangabe: *in England*

  In England, they drive on the left.
  In England herrscht Linksverkehr.

  Zeitangabe: *in the morning*

  They woke up in the morning.
  Sie wachten am Morgen auf.

- *of*
  Besitz / Zugehörigkeit / Teilmenge: *owner of the house, north of the city, two days of the week, one bar of soap*

The village lies north of the city.
Das Dorf liegt nördlich der Stadt.

- *on*
  Ortsangabe: *on the left, on the floor*

On the left, you see the London Eye.
Links sehen Sie das London Eye.

  Zeitangabe: *on Monday*

On Monday, she will buy the tickets.
(Am) Montag kauft sie die Karten.

- *to*
  Richtungsangabe: *to the left*

Please turn to the left.
Bitte wenden Sie sich nach links.

  Angabe des Ziels: *to London*

He goes to London every year.
Er fährt jedes Jahr nach London.

1.5 Konjunktionen – *Conjunctions*

Konjunktionen *(conjunctions)* verwendet man, um **zwei Hauptsätze oder Haupt- und Nebensatz miteinander zu verbinden**. Mit Konjunktionen lässt sich ein Text strukturieren, indem man z. B. Ursachen, Folgen oder zeitliche Abfolgen angibt.

Die wichtigsten Konjunktionen mit Beispielen für ihre Verwendung:

- *after* – nachdem

What will you do after she's gone?
Was wirst du tun, nachdem sie gegangen ist?

- *although* – obwohl

Although she was ill, she went to work.
Obwohl sie krank war, ging sie zur Arbeit.

- *as* – als (zeitlich)

As he came into the room, the telephone rang.
Als er ins Zimmer kam, klingelte das Telefon.

- *as soon as* – sobald

As soon as the band began to play, …
Sobald die Band zu spielen begann, …

- *because* – weil, da

I need a new bike because my old bike was stolen.
Ich brauche ein neues Rad, weil mein altes Rad gestohlen wurde.

- *before* – bevor

Before he goes to work, he buys a newspaper.
Bevor er zur Arbeit geht, kauft er eine Zeitung.

- *but* – aber

She likes football but she doesn't like skiing.
Sie mag Fußball, aber sie mag Skifahren nicht.

- *either … or* – entweder … oder

We can either watch a film or go to a concert.
Wir können uns entweder einen Film ansehen oder in ein Konzert gehen.

• *in order to* – um … zu, damit	Peter is in Scotland in order to visit his friend Malcolm. *Peter ist in Schottland, um seinen Freund Malcolm zu besuchen.*
• *neither … nor* – weder … noch	We can neither eat nor sleep outside. It's raining. *Wir können draußen weder essen noch schlafen. Es regnet.*
• *so that* – sodass	She shut the door so that the dog couldn't go outside. *Sie machte die Tür zu, sodass der Hund nicht hinausgehen konnte.*
• *when* – wenn (zeitlich), sobald	Have a break when you've finished painting this wall. *Mach eine Pause, sobald du diese Wand fertig gestrichen hast.*
• *while* – während (zeitlich)	He came home while I was reading. *Er kam nach Hause, während ich gerade las.*
– während (Gegensatz)	Belle is beautiful while the Beast is ugly. *Belle ist schön, während das Biest hässlich ist.*

1.6 Modale Hilfsverben – *Modal Auxiliaries*

Im Englischen gibt es zwei Arten von Hilfsverben: *to be*, *to have* und *to do* können Hilfsverben sein, wenn sie zusammen mit einem anderen Verb im Satz vorkommen:

I have read the book. *Ich habe das Buch gelesen.*

Außerdem gibt es noch die sogenannten „modalen Hilfsverben". Zu den **modalen Hilfsverben** (*modal auxiliaries*) zählen z. B.:

can, may, must

Bildung

- Die modalen Hilfsverben haben für alle Personen **nur eine Form**, in der 3. Person Singular also kein *-s*.

I, you, he / she / it, we, you, they } must

- Auf ein modales Hilfsverb folgt der **Infinitiv ohne *to***.

You must look at my new bike.
Du musst dir mein neues Fahrrad ansehen.

- **Frage und Verneinung** werden nicht mit *do / did* umschrieben.

"Can you hear me?" – "No, I can't."
„Kannst du mich hören?" – „Nein, kann ich nicht."

Ersatzformen

Die modalen Hilfsverben können nicht alle Zeiten bilden. Deshalb benötigt man **Ersatzformen**. Diese können auch im Präsens verwendet werden.

• ***can*** (können) Ersatzformen: ***(to) be able to*** (Fähigkeit), ***(to) be allowed to*** (Erlaubnis)	I can sing./I was able to sing. *Ich kann singen. / Ich konnte singen.* You can't go to the party./ I wasn't allowed to go to the party. *Du darfst nicht auf die Party gehen./* *Ich durfte nicht auf die Party gehen.*
Beachte Im *simple past* und *conditional I* ist auch *could* möglich.	When I was three, I could already ski. *Mit drei konnte ich schon Ski fahren.*
• ***may*** (dürfen) – sehr höflich *conditional I: might* Ersatzform: ***(to) be allowed to***	You may go home early./ You were allowed to go home early. *Du darfst früh nach Hause gehen./* *Du durftest früh nach Hause gehen.*
• ***must*** (müssen) Ersatzform: ***(to) have to***	He must be home by ten o'clock./ He had to be home by ten o'clock. *Er muss um zehn Uhr zu Hause sein./* *Er musste um zehn Uhr zu Hause sein.*
Beachte ***must not/mustn't*** = „nicht dürfen"	You must not eat all the cake. *Du darfst nicht den ganzen Kuchen essen.*
„nicht müssen, nicht brauchen" = ***not have to, needn't***	You don't have to/needn't eat all the cake. *Du musst nicht den ganzen Kuchen essen./* *Du brauchst nicht … zu essen.*

2 Finite Verbformen

2.1 Zeiten – *Tenses*

Simple Present

Bildung Grundform des Verbs (Infinitiv) Ausnahme: 3. Person Singular: Infinitiv + *-s*	I/you/we/you/they stand he/she/it stands
Beachte • Bei Verben, die auf einen Zischlaut (z. B. *-s, -sh, -ch, -x* und *-z*) enden, wird in der 3. Person Singular *-es* angefügt.	kiss – he/she/it kisses rush – he/she/it rushes teach – he/she/it teaches fix – he/she/it fixes
• Bei Verben, die auf Konsonant + *-y* enden, wird *-es* angefügt; *-y* wird zu *-i-*.	carry – he/she/it carries
Bildung von Fragen im *simple present* (Fragewort +) *do/does* + Subjekt + Infinitiv	Where does he live? / Does he live in London? *Wo lebt er? / Lebt er in London?*

Beachte
Die Umschreibung mit *do/does* wird nicht verwendet,

- wenn nach dem Subjekt gefragt wird (mit *who, what, which*),

Who likes pizza?
Wer mag Pizza?

What happens next?
Was passiert als Nächstes?

Which tree has more leaves?
Welcher Baum hat mehr Blätter?

- wenn die Frage mit *is/are* gebildet wird.

Are you happy?
Bist du glücklich?

Bildung der Verneinung im *simple present*
don't/doesn't + Infinitiv

He doesn't like football.
Er mag Fußball nicht.

Verwendung
Das *simple present* wird verwendet:

- bei Tätigkeiten, die man **gewohnheitsmäßig** oder häufig ausführt
Signalwörter: z. B. *always, often, never, every day, every morning, every afternoon*

Every morning, John buys a newspaper.
Jeden Morgen kauft John eine Zeitung.

- bei **allgemeingültigen** Aussagen

London is a big city.
London ist eine große Stadt.

- bei **Zustandsverben**: Sie drücken Eigenschaften/Zustände von Personen und Dingen aus und stehen normalerweise nur in der *simple form*, z. B. *to hate, to know, to like*.

I like science-fiction films.
Ich mag Science-Fiction-Filme.

Beachte
Das *simple present* kann sich auch auf die Zukunft beziehen. Siehe hierzu S. 17.

Present Progressive / Present Continuous

Bildung
am/is/are + *-ing*-Form (*present participle*)

read → am/is/are reading

Mehr zur Bildung des *present participle* siehe Kapitel 3.4 der Kurzgrammatik.

Bildung von Fragen im *present progressive*
(Fragewort +) *am/is/are* + Subjekt + *-ing*-Form

Is Peter reading?/What is he reading?
Liest Peter gerade?/Was liest er?

Bildung der Verneinung im *present progressive*
am not/isn't/aren't + *-ing*-Form

Peter isn't reading.
Peter liest gerade nicht.

Verwendung

Mit dem *present progressive* drückt man aus, dass etwas **gerade passiert** und **noch nicht abgeschlossen** ist. Es wird daher auch als **Verlaufsform** der Gegenwart bezeichnet.

Signalwörter: *at the moment, now*

Beachte

Das *present progressive* kann sich auch auf die Zukunft beziehen. Siehe hierzu S. 17.

At the moment, Peter is drinking a cup of tea.
Im Augenblick trinkt Peter eine Tasse Tee. [Er hat damit angefangen und noch nicht aufgehört.]

Simple Past

Bildung

Regelmäßige Verben: Infinitiv + *-ed*

walk → walked

Beachte

- stummes *-e* entfällt
- Bei Verben, die auf Konsonant + *-y* enden, wird *-y* zu *-i-*.
- Nach betontem Vokal wird der Schlusskonsonant verdoppelt.

hope → hoped
carry → carried
stop → stopped

Die *simple past*-Formen unregelmäßiger Verben muss man auswendig lernen. Einige wichtige Formen sind hier angegeben – weitere Beispiele sind z. B. in Wörterbüchern aufgeführt.

be → was / were
have → had
give → gave
go → went
say → said
see → saw
take → took

Bildung von Fragen im *simple past*

(Fragewort +) *did* + Subjekt + Infinitiv

Why did / Did he look out of the window?
Warum sah / Sah er aus dem Fenster?

Beachte

Die Umschreibung mit *did* wird nicht verwendet,

- wenn nach dem Subjekt gefragt wird (mit *who, what, which*),

Who paid the bill?
Wer zahlte die Rechnung?

What happened to your friend?
Was ist mit deinem Freund passiert?

Which boy cooked the meal?
Welcher Junge hat das Essen gekocht?

- wenn die Frage mit *was / were* gebildet wird.

Were you happy?
Warst du glücklich?

Bildung der Verneinung im *simple past*

didn't + Infinitiv

He didn't call me.
Er rief mich nicht an.

Verwendung
Das *simple past* beschreibt Handlungen und Ereignisse, die **in der Vergangenheit passierten** und **bereits abgeschlossen** sind.

Signalwörter: z. B. *yesterday, last week / year, two years ago, in 2012*

Last week, he helped me with my homework.
Letzte Woche half er mir bei meinen Hausaufgaben. [Die Handlung fand in der letzten Woche statt, ist also abgeschlossen.]

Past Progressive / Past Continuous

Bildung
was / were + *-ing*-Form (*present participle*)

watch → was / were watching

Verwendung
Die **Verlaufsform** *past progressive* verwendet man, wenn **zu einem bestimmten Zeitpunkt** in der Vergangenheit eine **Handlung ablief** bzw. wenn eine **Handlung** von einer anderen **unterbrochen** wurde.

Yesterday at 9 o'clock, I was still sleeping.
Gestern um 9 Uhr schlief ich noch.

I was reading a book when Peter came into the room.
Ich las (gerade) ein Buch, als Peter ins Zimmer kam.

Present Perfect (Simple)

Bildung
have / has + *past participle*

Zur Bildung des *past participle* siehe Kapitel 3.4 der Kurzgrammatik.

write → has / have written

Verwendung
Das *present perfect* verwendet man,

- wenn ein Vorgang **in der Vergangenheit begonnen** hat und **noch andauert**,
- wenn das Ergebnis einer vergangenen Handlung **Auswirkungen auf die Gegenwart** hat.

Signalwörter: z. B. *already, ever, just, how long, not … yet, since, for*

Beachte
- *have / has* können zu *'ve / 's* verkürzt werden.

He has lived in London since 2008.
Er lebt seit 2008 in London.
[Er lebt jetzt immer noch in London.]

I have just cleaned my car.
Ich habe gerade mein Auto geputzt.
[Man sieht möglicherweise das saubere Auto.]

Have you ever been to Dublin?
Warst du schon einmal in Dublin?

He's given me his umbrella.
Er hat mir seinen Regenschirm gegeben.

Present Perfect or Simple Past?

Since or For?

- Das *present perfect* wird oft mit *since* und *for* verwendet, die beide „seit“ bedeuten.
  - ***since*** gibt einen **Zeitpunkt** an:
  - ***for*** gibt einen **Zeitraum** an:

Ron has lived in Sydney since 2007.
Ron lebt seit 2007 in Sydney.

Sally has lived in Berlin for five years.
Sally lebt seit fünf Jahren in Berlin.

Present Perfect Progressive / Present Perfect Continuous

Bildung
have / has + been + -ing-Form (*present participle*)

write → has / have been writing

Verwendung
Die **Verlaufsform** *present perfect progressive* verwendet man, um die **Dauer einer Handlung** zu **betonen**, die in der Vergangenheit begonnen hat und noch andauert.

She has been sleeping for ten hours.
Sie schläft seit zehn Stunden.
[Sie schläft immer noch.]

Past Perfect (Simple)

Bildung
had + past participle

write → had written

Verwendung
Die Vorvergangenheit *past perfect* verwendet man, wenn ein Vorgang in der Vergangenheit **vor einem anderen Vorgang in der Vergangenheit abgeschlossen** wurde.

He had bought a ticket before he took the train to Manchester.
Er hatte eine Fahrkarte gekauft, bevor er den Zug nach Manchester nahm. [Beim Einsteigen war der Kauf abgeschlossen.]

Past Perfect Progressive / Past Perfect Continuous

Bildung
had + been + -ing-Form (*present participle*)

write → had been writing

Verwendung
Die **Verlaufsform** *past perfect progressive* verwendet man für **Handlungen**, die in der Vergangenheit **bis zu dem Zeitpunkt andauerten**, zu dem eine neue Handlung einsetzte.

She had been sleeping for ten hours when the doorbell rang.
Sie hatte seit zehn Stunden geschlafen, als es an der Tür klingelte. [Sie schlief bis zu dem Zeitpunkt, als es an der Tür klingelte.]

Will-future

Bildung *will* + Infinitiv	buy → will buy
Bildung von Fragen im *will-future* (Fragewort +) *will* + Subjekt + Infinitiv	What will you buy? *Was wirst du kaufen?*
Bildung der Verneinung im *will-future* *will not / won't* + Infinitiv	She won't come to our party. *Sie wird nicht zu unserer Party kommen.*
Verwendung Das *will-future* verwendet man, wenn ein Vorgang **in der Zukunft stattfinden** wird: • bei Vorhersagen oder Vermutungen	The weather will be fine tomorrow. *Das Wetter wird morgen schön (sein).*
• bei spontanen Entscheidungen	[doorbell] "I'll open the door." *„Ich mache die Tür auf."*

Talking about the Future

Going to-future

Bildung *am / is / are* + *going to* + Infinitiv	find → am / is / are going to find
Verwendung Das *going to-future* verwendet man, wenn man ausdrücken will, • was man für die Zukunft **plant** oder **zu tun beabsichtigt**,	I am going to work in England this summer. *Diesen Sommer werde ich in England arbeiten.*
• dass ein **Ereignis bald eintreten wird**, da bestimmte **Anzeichen** vorhanden sind.	Look at those clouds. It's going to rain soon. *Schau dir diese Wolken an. Es wird bald regnen.*

Simple Present und *Present Progressive* zur Wiedergabe der Zukunft – *Using Simple Present and Present Progressive to Talk about the Future*

Verwendung • Mit dem ***present progressive*** drückt man **Pläne** für die Zukunft aus, für die bereits **Vorkehrungen** getroffen wurden.	We are flying to New York tomorrow. *Morgen fliegen wir nach New York. [Wir haben schon Tickets.]*
• Mit dem ***simple present*** wird ein zukünftiges Geschehen wiedergegeben, das **von außen festgelegt** wurde, z. B. Fahrpläne, Programme, Kalender.	The train leaves at 8.15 a.m. *Der Zug fährt um 8.15 Uhr.* The play ends at 10 p.m. *Das Theaterstück endet um 22 Uhr.*

*Future Progressive / Future Continuous**

Bildung
will + *be* + *-ing*-Form (*present participle*)

work → will be working

Verwendung
Die **Verlaufsform** *future progressive* drückt aus, dass ein **Vorgang** in der Zukunft zu einem bestimmten Zeitpunkt **gerade ablaufen wird**.

Signalwörter: z. B. *this time next week / tomorrow, tomorrow* + Zeitangabe

This time tomorrow, I will be sitting in a plane to London.
Morgen um diese Zeit werde ich gerade im Flugzeug nach London sitzen.

*Future Perfect (Future II)**

Bildung
will + *have* + *past participle*

go → will have gone

Verwendung
Das *future perfect* drückt aus, dass ein **Vorgang** in der Zukunft **abgeschlossen sein wird** (Vorzeitigkeit in der Zukunft).

Signalwörter: z. B. *by then, by* + Zeitangabe

By 5 p.m. tomorrow, I will have arrived in London.
Morgen Nachmittag um fünf Uhr werde ich bereits in London angekommen sein.

2.2 Passiv – *Passive Voice*

Active and Passive Voice

Bildung
Form von *(to) be* in der entsprechenden Zeitform + *past participle*

The bridge was finished in 1894.
Die Brücke wurde 1894 fertiggestellt.

Zeitformen:

Zeitform		
• *simple present*	*Aktiv:*	Joe buys the milk.
	Passiv:	The milk is bought by Joe.
• *simple past*	*Aktiv:*	Joe bought the milk.
	Passiv:	The milk was bought by Joe.
• *present perfect*	*Aktiv:*	Joe has bought the milk.
	Passiv:	The milk has been bought by Joe.
• *past perfect*	*Aktiv:*	Joe had bought the milk.
	Passiv:	The milk had been bought by Joe.
• *will-future*	*Aktiv:*	Joe will buy the milk.
	Passiv:	The milk will be bought by Joe.

Aktiv → Passiv

- Das Objekt des Aktivsatzes wird zum Subjekt des Passivsatzes.
- Soll das Subjekt des Aktivsatzes im Passivsatz angegeben werden, wird es als *by-agent* angeschlossen.
- Stehen im Aktiv **zwei Objekte**, lassen sich zwei verschiedene Passivsätze bilden. Ein Objekt wird zum Subjekt des Passivsatzes, das zweite bleibt Objekt.

  Beachte
  Das indirekte Objekt (wem?) muss im Passivsatz mit *to* angeschlossen werden.

Passiv → Aktiv

- Der mit *by* angeschlossene Handelnde (*by-agent*) des Passivsatzes wird zum Subjekt des Aktivsatzes; *by* entfällt.
- Das Subjekt des Passivsatzes wird zum Objekt des Aktivsatzes.
- Fehlt im Passivsatz der *by-agent*, muss im Aktivsatz ein Handelnder als Subjekt ergänzt werden, z. B. *somebody*, *we*, *you*, *they*.

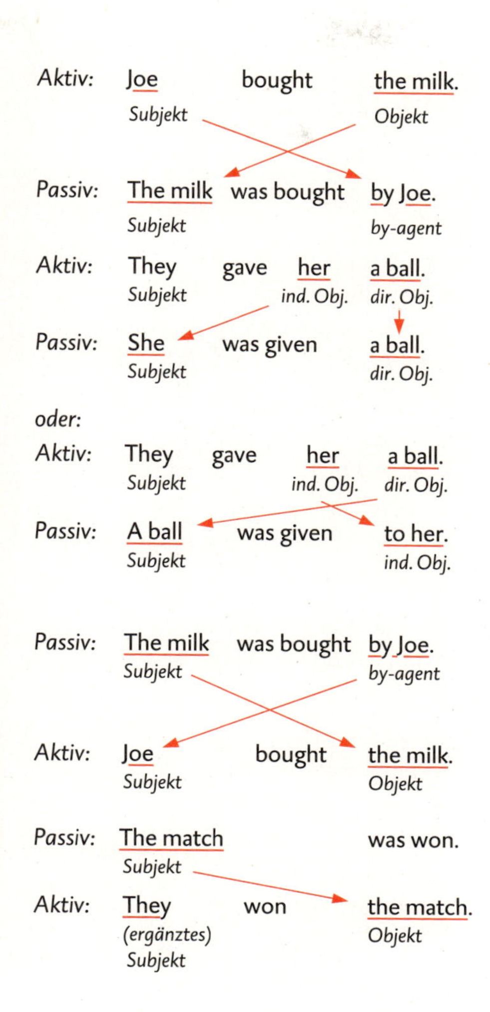

3 Infinite Verbformen

3.1 Infinitiv – *Infinitive*

Der **Infinitiv** (Grundform des Verbs) **mit *to*** steht z. B. **nach**:

- bestimmten **Verben**, z. B.:

to decide	(sich) entscheiden, beschließen
to expect	erwarten
to hope	hoffen
to manage	schaffen
to offer	anbieten
to plan	planen
to promise	versprechen
to seem	scheinen
to try	versuchen
to want	wollen

He decided to wait.
Er beschloss zu warten.

- bestimmten **Substantiven und Pronomen** (*something, anything*), z. B.:

attempt	Versuch
idea	Idee
plan	Plan
wish	Wunsch

We haven't got anything to eat at home.
Wir haben nichts zu essen zu Hause.

She told him about her plan to go to Australia.
Sie erzählte ihm von ihrem Plan, nach Australien zu reisen.

- bestimmten **Adjektiven** und deren Steigerungsformen, z. B.:

certain	sicher
difficult / hard	schwer, schwierig
easy	leicht

Maths is often difficult to understand.
Mathe ist oft schwer zu verstehen.

- **Fragewörtern**, wie z. B. *what, where, which, who, when, how* und nach *whether*. Diese Konstruktion ersetzt eine indirekte Frage mit modalem Hilfsverb.

We knew where to find her. /
We knew where we could find her.
Wir wussten, wo wir sie finden konnten.

Die Konstruktion **Objekt + Infinitiv** wird im Deutschen oft mit einem „dass"-Satz übersetzt.

Sie steht z. B. **nach**:

- bestimmten **Verben**, z. B.:

to allow	erlauben
to get	veranlassen
to help	helfen
to persuade	überreden

She allows him to go to the cinema.
Sie erlaubt ihm, dass er ins Kino geht. / … ins Kino zu gehen.

- **Verb + Präposition**, z. B.:

to count on	rechnen mit
to rely on	sich verlassen auf
to wait for	warten auf

She relies on him to arrive in time.
Sie verlässt sich darauf, dass er rechtzeitig ankommt.

- **Adjektiv + Präposition**, z. B.:

easy for	leicht
necessary for	notwendig
nice of	nett
silly of	dumm

It is necessary for you to study more.
Es ist notwendig, dass du mehr lernst.

- **Substantiv + Präposition**, z. B.:

opportunity for	Gelegenheit
idea for	Idee
time for	Zeit
mistake for	Fehler

Work experience is a good opportunity for you to find out which job suits you.
Ein Praktikum ist eine gute Gelegenheit, herauszufinden, welcher Beruf zu dir passt.

- einem **Adjektiv**, das durch ***too*** oder ***enough*** näher bestimmt wird.

The box is too heavy for me to carry.
Die Kiste ist mir zu schwer zum Tragen.

The weather is good enough for us to go for a walk.
Das Wetter ist gut genug, dass wir spazieren gehen können.

3.2 Gerundium (*-ing*-Form) – *Gerund*

Bildung

Infinitiv + *-ing*

read → reading

Beachte

- stummes *-e* entfällt
- nach kurzem betontem Vokal: Schlusskonsonant verdoppelt
- *-ie* wird zu *-y*

write → writing

stop → stopping

lie → lying

Verwendung

Das *gerund* kann sowohl Subjekt als auch Objekt eines Satzes sein.

Subjekt: Skiing is fun.
Skifahren macht Spaß.

Objekt: He has given up smoking.
Er hat mit dem Rauchen aufgehört.

Manche Wörter ziehen die *-ing*-Form nach sich. Die *-ing*-Form steht z. B. nach:

- bestimmten **Verben**, wie z. B.:

to dislike	nicht mögen
to enjoy	genießen, gern tun
to finish	beenden
to give up	aufgeben
to keep	weitermachen
to consider	in Betracht ziehen

He enjoys reading comics.
Er liest gerne Comics.

My mother keeps telling me to study more.
Meine Mutter sagt mir ständig, dass ich mehr lernen soll.

- **Verb + Präposition**, wie z. B.:

to believe in	glauben an
to dream of	träumen von
to look forward to	sich freuen auf
to talk about	sprechen über

She dreams of becoming a lawyer.
Sie träumt davon, Anwältin zu werden.

- **Adjektiv + Präposition**, wie z. B.:

(be) afraid of	sich fürchten vor
famous for	berühmt für
good / bad at	gut / schlecht in
interested in	interessiert an

She is good at playing football.
Sie spielt gut Fußball.

- **einem Substantiv**, wie z. B.:

trouble	Schwierigkeiten
fun	Spaß

I have trouble doing my Maths homework.
Ich habe Schwierigkeiten, meine Mathehausaufgabe zu lösen.

- **Substantiv + Präposition**, wie z. B.:

chance of	Chance, Aussicht auf
in danger of	in Gefahr
reason for	Grund für

Do you have a chance of getting the job?
Hast du eine Chance, die Stelle zu bekommen?

- **bestimmten Präpositionen**, wie z. B.:

after	nachdem
before	bevor
by	indem; dadurch, dass
instead of	statt

Before leaving the room, he said goodbye.
Bevor er den Raum verließ, verabschiedete er sich.

3.3 Infinitiv oder Gerundium? – *Infinitive or Gerund?*

Einige Verben können sowohl **mit** dem **Infinitiv** als auch **mit der *-ing*-Form** stehen, **ohne** dass sich die **Bedeutung ändert**, z. B.
to love, to hate, to prefer, to start, to begin, to continue.

I hate getting up early.
I hate to get up early.
Ich hasse es, früh aufzustehen.

Bei manchen Verben **ändert sich** jedoch die **Bedeutung**, je nachdem, ob sie mit Infinitiv oder mit der *-ing*-Form verwendet werden, z. B.
to remember, to forget, to stop.

- *to remember* + Infinitiv:
  „daran denken, etwas zu tun"

I must remember to post the invitations.
Ich muss daran denken, die Einladungen einzuwerfen.

  to remember + *-ing*-Form:
  „sich erinnern, etwas getan zu haben"

I remember posting the invitations.
Ich erinnere mich daran, die Einladungen eingeworfen zu haben.

- *to forget* + Infinitiv:
  „vergessen, etwas zu tun"

Don't forget to water the plants.
Vergiss nicht, die Pflanzen zu gießen.

  to forget + *-ing*-Form:
  „vergessen, etwas getan zu haben"

I'll never forget meeting the President.
Ich werde nie vergessen, wie ich den Präsidenten traf.

- *to stop* + Infinitiv:
  „stehen bleiben, um etwas zu tun"

I stopped to read the road sign.
Ich hielt an, um das Verkehrsschild zu lesen.

  to stop + *-ing*-Form:
  „aufhören, etwas zu tun"

He stopped laughing.
Er hörte auf zu lachen.

3.4 Partizipien – *Participles*

Partizip Präsens – *Present Participle*

Bildung Infinitiv + *-ing*	talk → talking
Beachte • stummes *-e* entfällt	write → writing
• nach betontem Vokal: Schlusskonsonant verdoppelt	stop → stopping
• *-ie* wird zu *-y*	lie → lying

Verwendung Das *present participle* verwendet man zur Bildung der Verlaufsformen, z. B. • zur Bildung des *present progressive,*	Peter is reading. *Peter liest (gerade).*
• zur Bildung des *past progressive,*	Peter was reading when I saw him. *Peter las (gerade), als ich ihn sah.*
• zur Bildung des *present perfect progressive,*	I have been living in Sydney for 5 years. *Ich lebe seit 5 Jahren in Sydney.*
• zur Bildung des *future progressive*,*	This time tomorrow I will be working. *Morgen um diese Zeit werde ich arbeiten.*
oder wie ein Adjektiv, wenn es vor einem Substantiv steht.	The village hasn't got running water. *Das Dorf hat kein fließendes Wasser.*

Partizip Perfekt – *Past Participle*

Bildung Infinitiv + *-ed*	talk → talked
Beachte • stummes *-e* entfällt	live → lived
• nach betontem Vokal wird der Schlusskonsonant verdoppelt	stop → stopped
• *-y* wird zu *-ie*	cry → cried
• Die *past participles* unregelmäßiger Verben muss man auswendig lernen. Einige wichtige Formen sind hier angegeben – weitere Beispiele sind z. B. in Wörterbüchern aufgeführt.	be → been have → had give → given go → gone say → said

Verwendung Das *past participle* verwendet man zur Bildung der Perfektformen, z. B. • zur Bildung des *present perfect,*	He hasn't talked to Tom yet. *Er hat noch nicht mit Tom gesprochen.*

• zur Bildung des *past perfect*,	Before they went biking in France, they had bought new bikes. *Bevor sie nach Frankreich zum Radfahren gingen, hatten sie neue Fahrräder gekauft.*
• zur Bildung des *future perfect**,	The letter will have arrived by then. *Der Brief wird bis dann angekommen sein.*
zur Bildung des Passivs	The fish was eaten by the cat. *Der Fisch wurde von der Katze gefressen.*
oder wie ein Adjektiv, wenn es vor einem Substantiv steht.	Peter has got a well-paid job. *Peter hat eine gut bezahlte Stelle.*

Verkürzung von Nebensätzen durch Partizipien – *Using Participles to Shorten Clauses*

Adverbiale Nebensätze (meist des Grundes oder der Zeit) und **Relativsätze** können durch ein Partizip verkürzt werden.	She watches the news, because she wants to stay informed. → Wanting to stay informed, she watches the news. *Sie sieht sich die Nachrichten an, weil sie informiert bleiben möchte.*
Das Zeitverhältnis zwischen Haupt- und Nebensatz bestimmt die Form des Partizips: • Das *present participle* verwendet man, um Gleichzeitigkeit mit der Haupthandlung auszudrücken.	He did his homework listening to music. *Er machte seine Hausaufgaben und hörte dabei Musik.*
• *Having* + *past participle* verwendet man, um auszudrücken, dass die Nebenhandlung vor der Haupthandlung geschah.	Having done his homework, he listened to music. *Nachdem er seine Hausaufgaben gemacht hatte, hörte er Musik.*
• Das *past participle* verwendet man auch, um einen Satz im Passiv zu verkürzen.	Sally is a manager in a five-star hotel which is called Pacific View. → Sally is a manager in a five-star hotel called Pacific View.
Beachte • Man kann einen Nebensatz der Zeit oder des Grundes verkürzen, wenn **Haupt- und Nebensatz dasselbe Subjekt** haben.	When he was walking down the street, he saw Jo. → When walking / Walking down the street, he saw Jo. *Als er die Straße entlangging, sah er Jo.*
• Bei **Kausalsätzen** (Nebensätzen des Grundes) entfallen die Konjunktionen *as*, *because* und *since* im verkürzten Nebensatz.	As he was hungry, he bought a sandwich. → Being hungry, he bought a sandwich. *Da er hungrig war, kaufte er ein Sandwich.*
• In einem **Temporalsatz** (Nebensatz der Zeit) bleibt die einleitende **Konjunktion** häufig erhalten, um dem Satz eine **eindeutige Bedeutung** zuzuweisen.	When he left, he forgot to lock the door. → When leaving, he forgot to lock the door. *Als er ging, vergaß er, die Tür abzuschließen.* Tara got sick eating too much cake. *Tara wurde schlecht, als/während/da sie zu viel Kuchen aß. [verschiedene Deutungen möglich]*

- Bei **Relativsätzen** entfallen die Relativpronomen *who, which* und *that.*

I saw a six-year-old boy who played the piano.
I saw a six-year-old boy playing the piano.
Ich sah einen sechsjährigen Jungen, der gerade Klavier spielte. / … Klavier spielen.

Verbindung von zwei Hauptsätzen durch ein Partizip – *Using Participles to Link Clauses*

Zwei Hauptsätze können durch ein Partizip verbunden werden, wenn sie **dasselbe Subjekt** haben.

Beachte
- Das Subjekt des zweiten Hauptsatzes und die Konjunktion *and* entfallen.
- Die Verbform des zweiten Hauptsatzes wird durch das Partizip ersetzt.

He did his homework and he listened to the radio.
He did his homework listening to the radio.
Er machte seine Hausaufgaben und hörte Radio.

4 Der Satz im Englischen

4.1 Wortstellung – *Word Order*

Im Aussagesatz gilt die Wortstellung
Subjekt – Prädikat – Objekt
(subject – verb – object):
- Subjekt: Wer oder was tut etwas?
- Prädikat: Was wird getan?
- Objekt: Worauf/Auf wen bezieht sich die Tätigkeit?

Cats catch mice.
Katzen fangen Mäuse.

Erklärungen und Beispiele zur **Bildung** des englischen **Fragesatzes** finden sich auch bei den verschiedenen Zeiten (vgl. Kap. 2.1) und bei den Modalverben (vgl. Kap. 1.6).

Beachte
- Orts- und Zeitangaben stehen oft am Satzende.
- Ortsangaben stehen vor Zeitangaben.

We will buy a new car tomorrow.
Morgen werden wir ein neues Auto kaufen.

He moved to New York in June.
Er zog im Juni nach New York.

Conditional Sentences

4.2 Bedingungssätze – *Conditional Sentences*

Ein Bedingungssatz (Konditionalsatz) besteht aus zwei Teilen: einem Nebensatz (*if-clause*) und einem Hauptsatz (*main clause*). Im ***if*-Satz** steht die **Bedingung** (*condition*), unter der die im **Hauptsatz** genannte **Folge** eintritt. Man unterscheidet drei Arten von Konditionalsätzen:

Bedingungssatz Typ I – *Conditional Sentence Type I*

Bildung

- *if*-Satz (Bedingung): *simple present*
- Hauptsatz (Folge): *will-future*

If you read this book,
Wenn du dieses Buch liest,

you will learn a lot about music.
erfährst du eine Menge über Musik.

Der *if*-Satz kann auch nach dem Hauptsatz stehen. In diesem Fall entfällt das Komma:

You will learn a lot about music if you read this book.
Du erfährst eine Menge über Musik, wenn du dieses Buch liest.

Im Hauptsatz kann auch

- ein modales Hilfsverb (z. B. *can, must, may*) + Infinitiv sowie

If you go to London, you must visit me.
Wenn du nach London fährst, musst du mich besuchen.

- die Befehlsform des Verbs (Imperativ) stehen.

If it rains, take an umbrella.
Wenn es regnet, nimm einen Schirm mit.

Verwendung

Bedingungssätze vom Typ I verwendet man, wenn die **Bedingung erfüllbar** ist. Man gibt an, was unter bestimmten Bedingungen **geschieht** oder **geschehen kann**.

Sonderform

Bedingungssätze vom Typ I verwendet man auch bei einer **generellen Regel**. Hierbei steht sowohl im Hauptsatz als auch im *if*-Satz das *simple present*.

If you mix blue and yellow, you get green.
Wenn du die Farbe Blau mit Gelb mischst, erhältst du Grün.

Bedingungssatz Typ II – *Conditional Sentence Type II*

Bildung

- *if*-Satz (Bedingung): *simple past*
- Hauptsatz (Folge): *conditional I* = *would* + Infinitiv

If I went to London,
Wenn ich nach London fahren würde,

I would visit the Tower.
würde ich mir den Tower ansehen.

Verwendung

Bedingungssätze vom Typ II verwendet man, wenn die **Bedingung nur theoretisch erfüllt** werden kann oder **nicht erfüllbar** ist.

Bedingungssatz Typ III – *Conditional Sentence Type III*

Bildung

- *if*-Satz (Bedingung): *past perfect*
- Hauptsatz (Folge): *conditional II* = *would* + *have* + *past participle*

If I had gone to London,
Wenn ich nach London gefahren wäre,

I would have visited the Tower.
hätte ich mir den Tower angesehen.

Verwendung

Bedingungssätze vom Typ III verwendet man, wenn sich die **Bedingung auf die Vergangenheit bezieht** und deshalb **nicht mehr erfüllbar** ist.

4.3 Relativsätze – *Relative Clauses*

Ein Relativsatz ist ein Nebensatz, der sich **auf eine Person oder Sache** des Hauptsatzes **bezieht** und diese **näher beschreibt**:

The boy who looks like Jane is her brother.
Der Junge, der Jane ähnlich sieht, ist ihr Bruder.

- Hauptsatz: The boy … is her brother.
- Relativsatz: … who looks like Jane …

Bildung

Haupt- und Nebensatz werden durch das Relativpronomen verbunden.

- Das Relativpronomen ***who*** bezieht sich auf Personen.

Peter, who lives in London, likes travelling.
Peter, der in London lebt, reist gerne.

- Das Relativpronomen ***whose*** bezieht sich ebenfalls auf Personen. Es gibt die Zugehörigkeit dieser Person zu einer anderen Person oder Sache an.

Pari, whose parents are from India, is in my class.
Pari, deren Eltern aus Indien stammen, ist in meiner Klasse.

This is the boy whose mobile was stolen.
Das ist der Junge, dessen Handy gestohlen wurde.

- Das Relativpronomen ***which*** bezieht sich auf **Sachen**.

The film "Dark Moon", which we saw yesterday, was far too long.
Der Film „Dark Moon", den wir gestern sahen, war viel zu lang.

- Das Relativpronomen ***that*** kann sich auf **Sachen** und auf **Personen** beziehen und wird nur verwendet, wenn die **Information** im Relativsatz **notwendig** ist, um den ganzen Satz zu verstehen.

The film that we saw last week was much better.
Der Film, den wir letzte Woche sahen, war viel besser.

Verwendung

Mithilfe von Relativpronomen kann man **zwei Sätze miteinander verbinden**.

London is England's biggest city. London is very popular with tourists.
London ist Englands größte Stadt. London ist bei Touristen sehr beliebt.

→ London, which is England's biggest city, is very popular with tourists.
London, die größte Stadt Englands, ist bei Touristen sehr beliebt.

Beachte

Man unterscheidet zwei Arten von Relativsätzen:

- **Notwendige Relativsätze** *(defining relative clauses)* enthalten Informationen, die **für das Verständnis** des Satzes **erforderlich** sind.

The man who is wearing a red shirt is Mike.
Der Mann, der ein rotes Hemd trägt, ist Mike.

Hier kann das Relativpronomen entfallen, wenn es Objekt ist; man spricht dann auch von *contact clauses.*

The book (that) I bought yesterday is thrilling.
Das Buch, das ich gestern gekauft habe, ist spannend.

- **Nicht notwendige Relativsätze** *(non-defining relative clauses)* enthalten **zusätzliche Informationen** zum Bezugswort, die für das Verständnis des Satzes nicht unbedingt notwendig sind. Dieser Typ von Relativsatz wird **mit Komma** abgetrennt.

Sally, who went to a party yesterday, is very tired.
Sally, die gestern auf einer Party war, ist sehr müde.

Reported Speech

4.4 Indirekte Rede – *Reported Speech*

Bildung und Verwendung

Die indirekte Rede verwendet man, um **wiederzugeben, was eine andere Person gesagt** oder **gefragt hat**.

Dazu benötigt man ein **Einleitungsverb**. Häufig verwendete Einleitungsverben sind:

to say, to think, to add, to agree, to tell, to answer

In der indirekten Rede verändern sich die Pronomen, in bestimmten Fällen auch die **Zeiten** und die **Orts-** und **Zeitangaben**.

- Wie die Pronomen sich verändern, hängt von der **Situation** ab.

direkte Rede		indirekte Rede
I, you, we, you	→	he, she, they
my, your, our, your	→	his, her, their
this, these	→	that, those

direkte Rede	indirekte Rede
Bob says to Jenny: "I like you."	Bob says to Jenny that he likes her.
Bob sagt zu Jenny: „Ich mag dich."	*Bob sagt zu Jenny, dass er sie mag.*

- **Zeiten:**
  Keine Veränderung, wenn das Einleitungsverb im *present tense*, im Futur oder im *present perfect* steht:

direkte Rede	indirekte Rede
Bob says, "I love dancing."	Bob says (that) he loves dancing.
Bob sagt: „Ich tanze sehr gerne."	*Bob sagt, er tanze sehr gerne.*

  Die Zeit der direkten Rede wird in der indirekten Rede normalerweise **um eine Zeitstufe zurückversetzt**, wenn das **Einleitungsverb** im ***past tense*** oder ***past perfect*** steht:

direkte Rede	indirekte Rede
Bob said, "I love dancing."	Bob said (that) he loved dancing.
Bob sagte: „Ich tanze sehr gerne."	*Bob sagte, er tanze sehr gerne.*

simple present	→	simple past	Joe: "I like it."	Joe said he liked it.
simple past	→	past perfect	Joe: "I liked it."	Joe said he had liked it.
present perfect	→	past perfect	Joe: "I've liked it."	Joe said he had liked it.
will-future	→	conditional I	Joe: "I will like it."	Joe said he would like it.

- **Zeitangaben** verändern sich, wenn der Bericht zu einem späteren Zeitpunkt erfolgt, z. B.:

direkte Rede	indirekte Rede
Jack: "I'll call her tomorrow."	Jack says (that) he will call her tomorrow. *[Der Bericht erfolgt noch am selben Tag.]*
	Jack said (that) he would call her the following day. *[Der Bericht erfolgt z. B. eine Woche später.]*

now	→	then, at that time
today	→	that day, yesterday
yesterday	→	the day before
tomorrow	→	the following day
next week	→	the following week

	direkte Rede	indirekte Rede
• Welche **Ortsangabe** verwendet wird, hängt davon ab, wo sich der Sprecher im Moment befindet, z. B.: here → there	Amy: “I was here when the accident happened.”	Amy says (that) she was here when the accident happened. *[Der Bericht erfolgt noch an der Unfall-stelle.]* Amy said (that) she had been there when the accident had happened. *[Der Bericht erfolgt z. B. am nächsten Tag an einem anderen Ort.]*

Bildung der indirekten Frage

Häufige Einleitungsverben für die indirekte Frage sind: to ask, to want to know, to wonder

• **Fragewörter** bleiben in der indirekten Rede **erhalten**. Die **Umschreibung** mit *do/does/did* **entfällt** in der indirekten Frage.	Tom: “When did they arrive?” *Tom: „Wann sind sie angekommen?“*	Tom asked when they had arrived. *Tom fragte, wann sie angekommen seien.*
• Enthält die direkte Frage **kein Fragewort**, wird die indirekte Frage mit ***whether*** oder ***if*** eingeleitet:	Tom: “Are they staying at the youth hostel?” *Tom: „Übernachten sie in der Jugendherberge?“*	Tom asked if/whether they were staying at the youth hostel. *Tom fragte, ob sie in der Jugendherberge übernachteten.*

Befehle/Aufforderungen in der indirekten Rede

Häufige Einleitungsverben sind: to tell, to order, to ask

In der indirekten Rede steht hier **Einleitungsverb + Objekt + (*not*) *to* + Infinitiv**	Tom: “Leave the room.” *Tom: „Verlass den Raum.“*	Tom told me to leave the room. *Tom forderte mich auf, den Raum zu verlassen.*

Hinweise, Tipps und Übungsaufgaben zu den Kompetenzbereichen

1 Listening

Hörverstehenstexte und die dazugehörigen Aufgabenstellungen können sehr unterschiedlich sein. Die Texte, die du im Rahmen von Klassenarbeiten und bei der zentralen Prüfung am Ende der 10. Klasse zu hören bekommst, spiegeln meist **reale Sprechsituationen** wider, d. h., man kann solche oder ähnliche Texte im „wirklichen Leben" hören. Die Inhalte der Texte können von Lautsprecherdurchsagen über Anrufbeantworternachrichten bis hin zu Werbespots oder Radiosendungen reichen.
Genauso vielfältig wie die verschiedenen Arten von Hörtexten können auch die Aufgabenstellungen ausfallen. In diesem Kapitel werden dir die häufigsten Textarten und Aufgabenstellungen zum Kompetenzbereich „Listening" vorgestellt.

1.1 Strategien zum Bereich „Listening"

Vorgehen in der Prüfung

In der Prüfung wird dir jeder Hörverstehenstext in der Regel **zweimal** vorgespielt.

Arbeitsschritt 1

Vor dem ersten Vorspielen des Textes hast du meist etwas Zeit, dir die **Aufgabenstellungen** auf dem Arbeitsblatt **anzusehen**. Lies sie dir sorgfältig durch und überlege genau, um welche Art von Aufgabe es sich handelt. Manchmal musst du die Gesamtaussage des Textes erfassen und manchmal sollst du Details aus dem Text herausfinden. Überlege schon vor dem Hören, auf welche Kerninformationen es in den Aufgaben ankommt. Darauf musst du dich dann während des Hörens ganz besonders konzentrieren. Zu den Aufgaben, die du nach dem ersten Hören bereits beantworten kannst, kannst du gleich die **richtige Lösung aufschreiben**.

Arbeitsschritt 2

Beim zweiten Hördurchgang kannst du zum einen deine Antworten noch einmal überprüfen und zum anderen die noch verbleibenden Aufgaben beantworten. Da du vor dem ersten Hören die Arbeitsaufträge lesen konntest, weißt du, welche **Detailinformationen** gefragt sind. Dies können z. B. bestimmte Wörter sein, die du in eine Tabelle eintragen musst.

Arbeitsschritt 3

Nach dem zweiten Hören hast du in der Regel genügend Zeit, um jede Aufgabe auf deinem Arbeitsblatt noch einmal gründlich durchzulesen, **fehlende Antworten zu ergänzen** und **alle Antworten auf ihre Richtigkeit zu überprüfen**. **Übertrage** dann in Ruhe deine Antworten auf das **Answer Sheet**. Gehe hier ganz konzentriert vor, um zu vermeiden, dass du versehentlich in der Zeile verrutschst.

Einen Punkt solltest du immer beachten: Bei Aufgaben mit mehreren Fragen folgen diese in der Regel der Textchronologie, d. h., wenn du die Lösung zu einer der mittleren Fragen nicht weißt, dann passe beim zweiten Hören besonders gut in der Mitte der Aufnahme auf.

Tipp

- Vor dem ersten Hören: Worum geht es im Text? Lies die Aufgabenstellungen genau durch.
- Nach dem ersten Hören: Trage die Lösungen zu den Aufgaben ein, die du schon beantworten kannst. Welche Informationen fehlen dir noch?
- Nach dem zweiten Hören: Löse die restlichen Aufgaben. Überprüfe noch einmal die Aufgaben, die du bereits nach dem ersten Hören gelöst hast.
- Übertrage deine Antworten auf das *Answer Sheet* erst am Ende des gesamten *Listening*-Tests.

Vorgehen beim Üben

Zu Übungszwecken kannst du dir den Hörverstehenstext ruhig so oft anhören, wie du möchtest. Versuche, die Arbeitsaufträge nur durch Zuhören zu beantworten. Nur wenn du überhaupt nicht auf die richtige Lösung kommst, solltest du den Hörverstehenstext im Lösungsteil dieses Buches lesen. Bei der Bearbeitung der Hörverstehensaufgaben in diesem Buch solltest du wie folgt vorgehen:

- Lies die Aufgabenstellungen genau durch. Hast du sie verstanden? Kläre unbekannte Wörter mithilfe eines Wörterbuches.
- Höre dir den entsprechenden Text einmal an, sodass du weißt, worum es darin geht.
- Höre dir den Text noch einmal an. Diesen Schritt kannst du so oft wiederholen, wie es für dich hilfreich ist.
- Versuche, die Aufgaben beim Anhören des Textes zu lösen.
- Wenn du alle Aufgaben bearbeitet hast, solltest du die Richtigkeit deiner Lösungen überprüfen, indem du dir den Text ein weiteres Mal anhörst.
- Anschließend überprüfst du deine Antworten anhand der Lösungen im beiliegenden Lösungsheft. Wenn du viele Fehler gemacht hast, dann überlege genau, wie sie zustande gekommen sind. Hast du den Hörtext nicht genau verstanden? Hast du die Fragestellung falsch verstanden? Lies gegebenenfalls den Hörverstehenstext durch und wiederhole die gesamte Aufgabe zu einem späteren Zeitpunkt.
- Versuche, mit der Bearbeitung jeder weiteren Hörverstehensaufgabe in diesem Buch die Zahl der Hörsequenzen zu reduzieren, bis du bei der üblichen Anzahl angelangt bist. In Klassenarbeiten, Tests und in der Prüfung werden die Texte in der Regel nur zweimal vorgespielt.

1.2 Häufige Aufgabenstellungen zum Bereich „Listening“

Multiple choice

Dieser Aufgabentyp ist dir bestimmt schon vertraut. Dir wird eine Frage mit mehreren möglichen Antworten vorgegeben und du musst entscheiden, welche Antwort am besten zum Inhalt des Textes passt. Manchmal ist mehr als eine Antwort richtig. In diesem Fall gibt es noch zwei weitere Auswahlmöglichkeiten: *both* oder *all of them*. Häufig werden dir als Antwortmöglichkeiten auch Bilder vorgegeben. In diesem Fall musst du entscheiden, welches Bild als Lösung richtig ist.

Beispiele

Listening text: "I'm sorry I'm late. The bus didn't come so I had to walk home and get my bike."
Question: Why was the man late?

Beispiel ❶

A ☐ the bus was late and he cycled
B ☐ he walked
C ☑ there was no bus
D ☐ all of them (A+B+C)

Beispiel ❷

A ☐ he had to cycle to work
B ☐ he walked
C ☐ there was no bus
D ☑ both A+C

Matching

Bei dieser Aufgabenstellung hörst du häufig mehrere kurze Texte oder Textabschnitte, denen du dann die entsprechenden Aussagen *(statements),* die dir schriftlich vorliegen, zuordnen musst. Häufig besteht deine Aufgabe darin, einem Hörtext eine Art zusammenfassende Überschrift zu geben. Es ist also wichtig, dass du sowohl den Zusammenhang eines Textes verstehst als auch Detailinformationen als richtig oder falsch identifizieren kannst.

Beispiel

Spot 1: "Are you afraid of flying? Maybe you are, like thousands of others. And still you might have to do it as part of your job or you don't want to go without exotic holidays and therefore have to manage your fear. What is the solution? Many people resort to sedative medicaments, but thereby damage their health in the long term. Don't damage yours! Rather read Ron Russell's new book *Handling your Fear of Flying – How your Fear will Stay on the Ground.*"

Spot 2: "Another weekend and you are at home, bored, with no other alternative for an interesting pastime than surfing the Internet or watching television. If you search for an activity, which is fun and allows you to spend time outdoors alone or together with your friends, try 'Geocaching': At prearranged destinations, for which you can find the coordinates on the Internet, you have to look for small objects in hidden places. Treasure hunting for everyone, which helps you stay fit and get to know your area."

Task: Match the radio spots with a true sentence below. Put the correct letter into the grid. There are two more statements than you need.

A If you are afraid of flying, cancel the exotic trips!

B Forget about the Internet, spend time outdoors hiking!

C Reading a book about fear management is better than taking medicaments.

D Go on a "treasure hunt" alone or with your friends!

Spot 1	Spot 2
C	D

Fill in the table

Bei dieser Aufgabenart kommt es darauf an, dass du Informationen gezielt zusammenfasst und in einer Tabelle notierst. Lies dir die Arbeitsanweisungen gut durch, bevor du die Aufgabe bearbeitest, und sei beim Ausfüllen so genau wie möglich. Meistens ist vorgegeben, mit wie vielen Wörtern oder Zahlen du die einzelnen Felder der Tabelle füllen sollst. Felder, die du nicht ausfüllen musst, sind normalerweise durchgestrichen oder anderweitig gekennzeichnet. Lass dich hier also nicht verunsichern.

Beispiel

Listening text: "Last year we spent our holiday in Spain. We went there by car and wanted to camp there."

name	holiday destination	accommodation	how they got there	duration of stay
X	Spain	tent	car	X

1.3 Übungsaufgaben zum Bereich „Listening“

Listening Test 1: Announcements

- You are going to hear two announcements.
- First read the questions and look at the pictures.
- There are two questions for each announcement.
- Listen to the recording twice.
- Choose the correct picture and put a tick (✓) in the right box.

Announcement 1: At the Leisure Centre

a) What will the weather be like?

b) Which of these activities can you still do?

Announcement 2: At the Airport

a) Which flight has been cancelled?

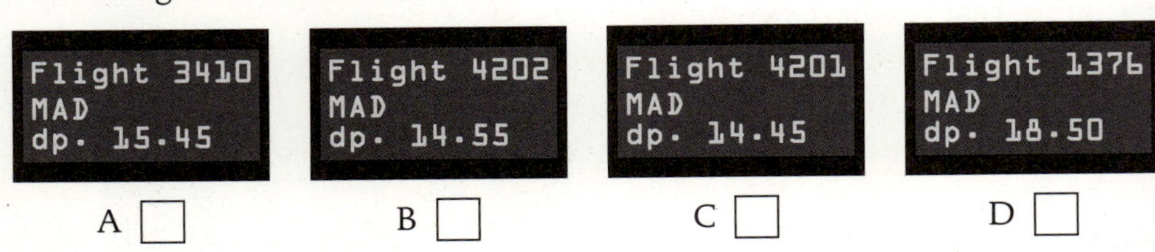

A ☐ B ☐ C ☐ D ☐

b) How will the passengers get from one airport to the other in Paris?

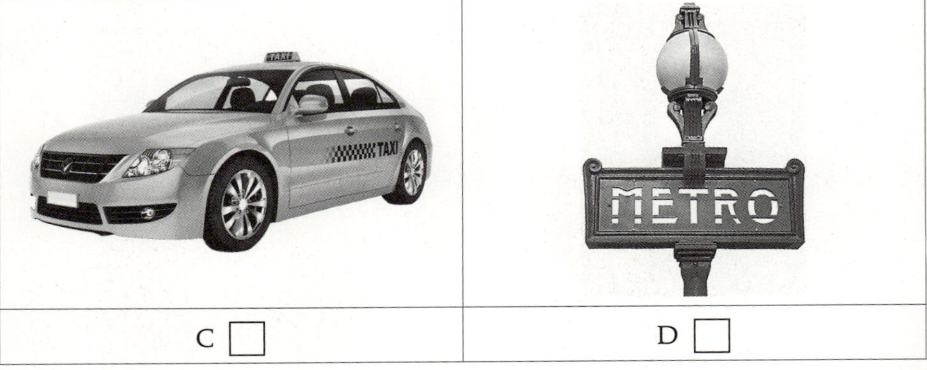

Listening Test 2: Answerphone Messages

- You are going to hear two answerphone messages.
- First read the questions and look at the pictures.
- Listen to the recording twice.
- Choose the correct picture and put a tick (✓) in the right box.

Message 1: A Surprise Party

a) What does Dave have to bring?

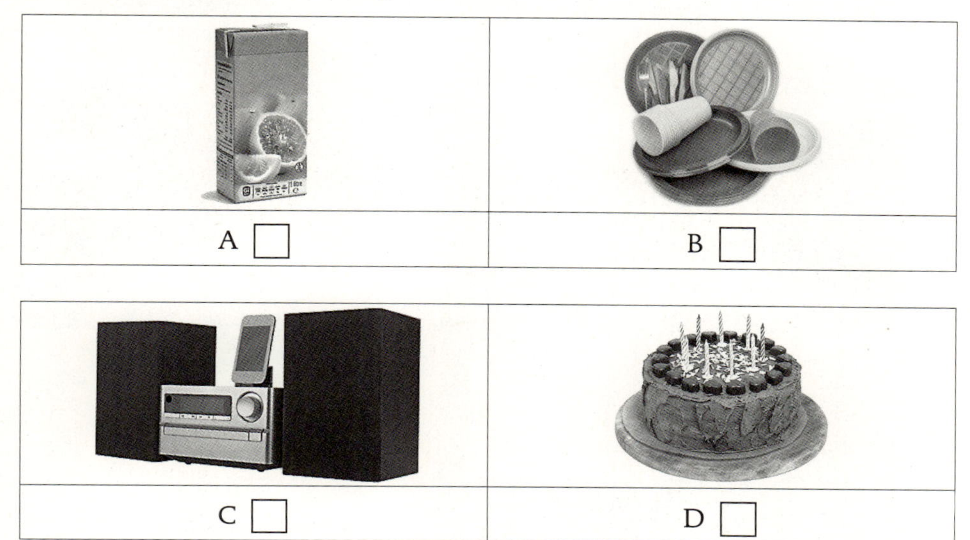

b) What is the birthday present?

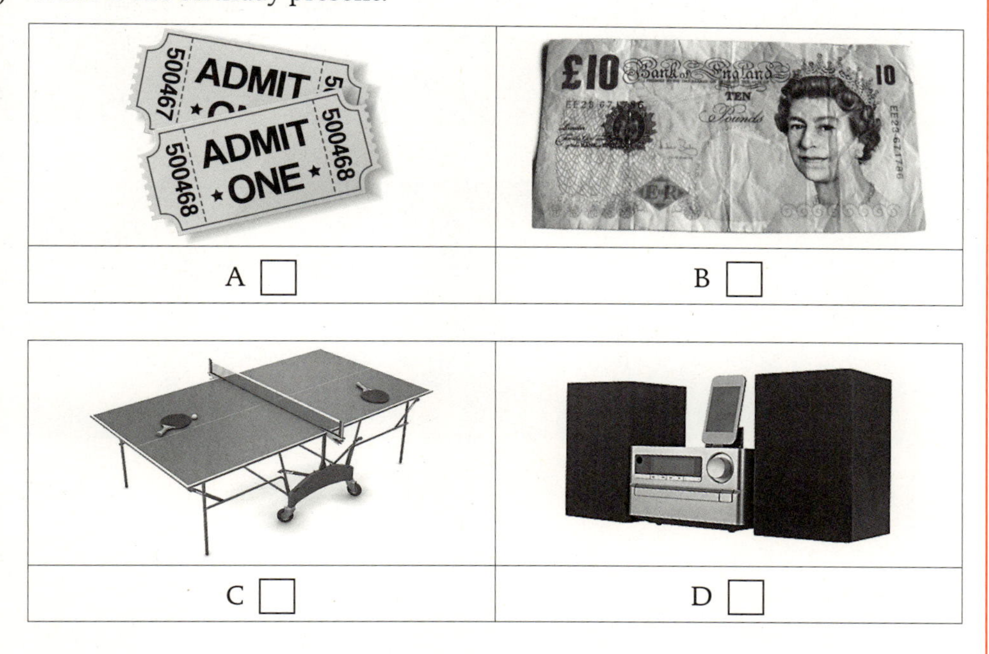

Message 2: Plans for Tonight?

a) What is Kate doing tonight?

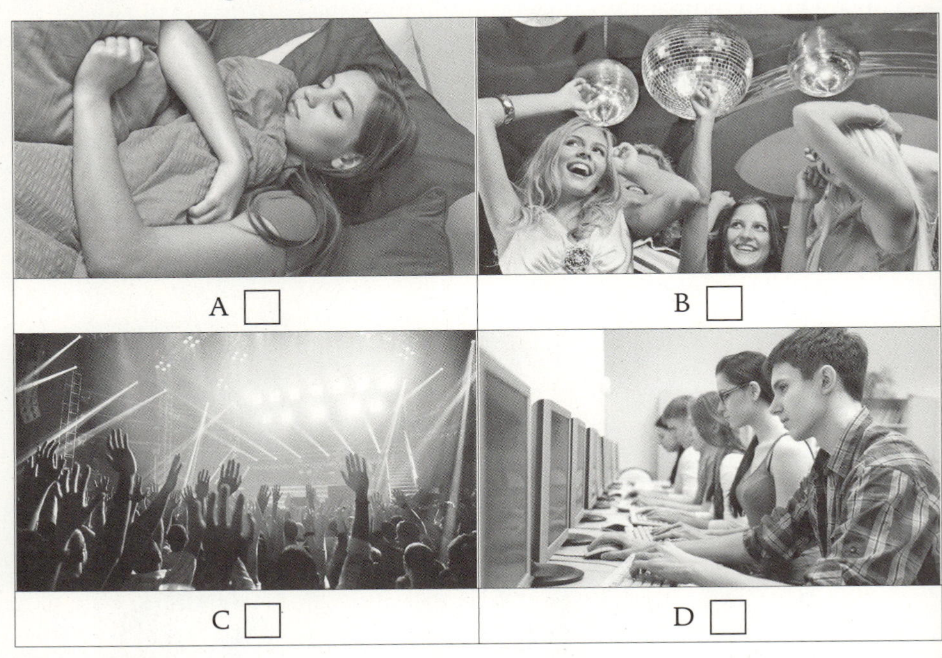

b) What are the plans for tomorrow?

c) What time will they meet?

5:30	6:30	8:00	10:00
A ☐	B ☐	C ☐	D ☐

Listening Test 3: Radio Spots

- You are going to hear four radio spots.
- Before you listen, read tasks 1 and 2 carefully.
- Then listen to the texts twice.
- Do tasks 1 and 2.

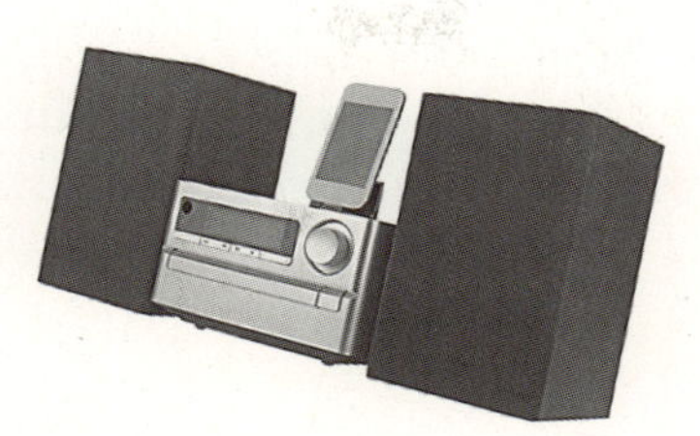

1. For each spot, choose the right statement and put a tick (✓) in the correct box.

a) Radio Spot 1:
   - A ☐ Donate money to aid kids without parents in Haiti.
   - B ☐ Lots of new schools are being built in Haiti.
   - C ☐ There might be a serious earthquake in Haiti next year.

b) Radio Spot 2:
   - A ☐ Smoking is one of the main causes of death in young people.
   - B ☐ Whenever you drink alcohol, don't use your car.
   - C ☐ You shouldn't drink alcohol when you're at a party.

c) Radio Spot 3:
   - A ☐ Healthy eating habits keep you fit.
   - B ☐ Cheeseburgers are better than salad.
   - C ☐ Fast food is a healthy and cheap meal.

d) Radio Spot 4:
   - A ☐ To book a hotel on the Isle of Wight, go to www.isleofwight.com.
   - B ☐ You can get to the Isle of Wight from the city in less than one hour.
   - C ☐ No camping is permitted on the Isle of Wight.

2. Match the radio spots with a true sentence below. Put the correct letter into the grid. There are two more statements than you need.

- **A** The Isle of Wight is the ideal place to relax and enjoy nature.
- **B** After a party always ask your friends for a lift home.
- **C** Keeping a balanced diet is good for your health.
- **D** Give money to a charity to support orphans *(Waisen)* in Haiti.
- **E** Don't drink and drive.
- **F** To find out more on the Isle of Wight, go to www.isleofwight.com.

Spot 1	Spot 2	Spot 3	Spot 4

Listening Test 4: More Radio Spots

- You are going to hear four radio spots.
- Before you listen, read tasks 1 and 2 carefully.
- Then listen to the texts twice.
- Do tasks 1 and 2.

1. Find the correct statement for each of the spots and put the correct letter into the grid below. There are four more statements than you need.

   A Playing computer games is bad for your eyes.

   B When you smoke in your car, open the windows.

   C Do not accept drinks from strangers because they might contain drugs.

   D Parents should make sure that their children do not spend too much time with electronic media, such as computers and television.

   E Energy saving light bulbs use less electricity.

   F Smoking around your children can damage their health.

   G Electricity is bad for your health.

   H Do not drink any alcohol at parties.

Spot 1	Spot 2	Spot 3	Spot 4

2. Answer the following questions in 1 to 5 words.

   a) Spot 1: What kind of light bulb does the customer initially want to buy?

   ____

   b) Spot 2: What temperature is it outside?

   ____

   c) Spot 3: Where did the girl wake up?

   ____

   d) Spot 4: How much time does the average teenager waste with electronic media a day?

   ____

Listening Test 5: Couchsurfing or Wilderness?

1. Listen to five people talking about holidays. What kind of holiday does each of them like best? Write the correct numbers (1–5) in the boxes next to the short descriptions (a–h). Be careful, there are three categories that do not match any statement. You can only use each number once.

   a) off the beaten tourist track ☐
   b) party and action, but at a low cost ☐
   c) a relaxing holiday for the whole family ☐
   d) back to nature, but also some comfort ☐
   e) peace and quiet in a luxurious atmosphere ☐
   f) meeting locals on a city trip ☐
   g) socialising with other young travellers ☐
   h) being in the wilderness all day long ☐

2. Listen to the five people again and fill in the grid. You only need to write down one aspect per column *(= Spalte)* for each person.

Person	Age	Type of accommodation	Activities
John	a)	b)	c)
Olivia	d)	e)	f)
Hailey	g)	h)	
Carter	i)	j)	k)
Josh	l)	m)	

Listening Test 6: Working Abroad

- You are going to hear three people talking about their experiences while working abroad.
- Complete the table below using 1 to 5 words or numbers for each answer.
- Fill in one piece of information per box.

name	country of origin	duration of stay so far	education	type of work
Maria	a)	2 years	X	b)
Heike	c)	d)	e)	f)
Jake	g)	h)	law student	i)

Listening Test 7: Dangerous Australians

- You are going to hear a report about three of the most dangerous creatures in Australia.
- Complete the table below using 1 to 5 words or numbers for each answer.

	How large are they?	Where do they normally live?	When was the last person killed?
Sydney Funnel-web spider	a)	b)	c)
Blue-ringed octopus	d)	e)	f)
Saltwater crocodile	g)	h)	i)

Listening Test 8: Integrated Prom

- You are going to hear a radio show.
- There are three people in the show: the reporter Zac McCain and two students, Emma and Elijah.
- Read the statements below.
- Listen to the recording twice.
- Put a tick (✓) in the box next to the correct statement.
- Only one statement is correct in each case.

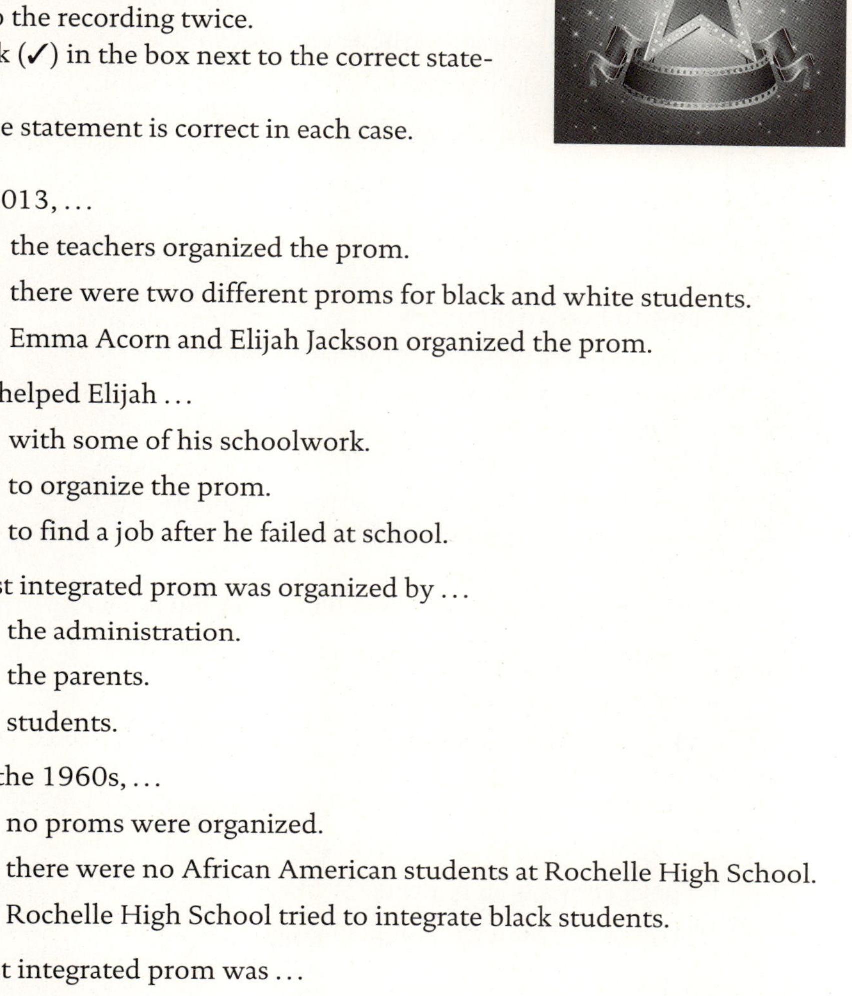

1. Until 2013, …
   - A ☐ the teachers organized the prom.
   - B ☐ there were two different proms for black and white students.
   - C ☐ Emma Acorn and Elijah Jackson organized the prom.

2. Emma helped Elijah …
   - A ☐ with some of his schoolwork.
   - B ☐ to organize the prom.
   - C ☐ to find a job after he failed at school.

3. The first integrated prom was organized by …
   - A ☐ the administration.
   - B ☐ the parents.
   - C ☐ students.

4. Before the 1960s, …
   - A ☐ no proms were organized.
   - B ☐ there were no African American students at Rochelle High School.
   - C ☐ Rochelle High School tried to integrate black students.

5. The first integrated prom was …
   - A ☐ a total disaster.
   - B ☐ a success.
   - C ☐ an event that was broadcast on TV.

6. Younger students weren't allowed to go to the first integrated prom because …
   - A ☐ there would have been too many people.
   - B ☐ minors weren't admitted.
   - C ☐ it was too expensive.

7. The first school-organized integrated prom was in …
   - A ☐ 2013.
   - B ☐ 2014.
   - C ☐ 1960.

8. Emma's reaction to the media coverage was …
   - A ☐ positive, she welcomed the attention.
   - B ☐ negative, she thought it should be a normal event.
   - C ☐ neutral, she didn't care one way or another.

Listening Test 9: Food4Thought

- You are going to hear an interview.
- There are four people talking: the interviewer and three young people, Chris, Jessica and Michael.
- Read the statements below.
- Listen to the recording twice.
- Put a tick (✓) in the box next to the correct statement.
- Only one statement is correct in each case.

1. How did the reporter find young people for her interview?
   - A ☐ They applied via the Internet.
   - B ☐ She met them on the streets.
   - C ☐ They all work in a restaurant.

2. What is one reason for the three young people to take part in the interview?
   - A ☐ They are paid for taking part.
   - B ☐ They get one food or drink for free.
   - C ☐ They often listen to "Food4Thought".

3. Why is the food market in London something special for Jessica?
   - A ☐ It is the only vegan food market she has ever visited.
   - B ☐ No meat is sold at the market.
   - C ☐ She lives in the countryside and does not come to the city very often.

4. Why does the presenter want to make her chocolate cake disappear from view?
   - A ☐ Michael hates chocolate.
   - B ☐ Michael is allergic to chocolate.
   - C ☐ Michael would love to eat it.

5. What made Michael permanently change his eating habits?
   - A ☐ a course he attended together with his parents
   - B ☐ a camp for obese children
   - C ☐ his wish to become a vegan

6. What happened when Jessica was 10 years old?
   - A ☐ She did not want to eat meat any longer.
   - B ☐ She became a vegan.
   - C ☐ both A + B

7. Chris changed his mind about food recently when ...
   - A ☐ he started to train as a cook.
   - B ☐ he met an Austrian cook.
   - C ☐ he watched a video on YouTube.

8. Why does Chris want to arrange wastecooking events?
   - A ☐ He thinks that many products in waste bins can still be eaten.
   - B ☐ He totally disapproves of the fact that huge amounts of food are thrown away.
   - C ☐ both A + B

Listening Test 10: Doing without Social Media

- You are going to hear a radio show.
- There are four people in the show: Bob Jensen, the host, Jennifer Hackney, a teacher, Dr Stephanie Landau, a school psychologist and Steven Smith, a high school student.
- Read the statements below.
- Listen to the recording twice.
- Put a tick (✓) in the box next to the correct statement.
- Only one statement is correct in each case.

1. Teacher Jennifer Hackney wants to ...
   - A ☐ ban smartphones at her school.
   - B ☐ improve social media skills.
   - C ☐ make digital communication more efficient.

2. Steven is of the opinion that …
   - A ☐ social media skills are very important.
   - B ☐ legible handwriting is not as important as it used to be.
   - C ☐ both A + B
3. According to Dr Landau, …
   - A ☐ the number of students who are addicted to social media has increased.
   - B ☐ students should not be permitted to socialize online.
   - C ☐ children who are addicted to the Internet are often overweight.
4. According to Ms Hackney, …
   - A ☐ smartphones are useful to obey the traffic rules.
   - B ☐ there are more accidents today than in the past.
   - C ☐ students' lack of attention due to the use of smartphones can cause accidents.
5. Digital devices can be used in school …
   - A ☐ as online dictionaries.
   - B ☐ as a help to remember assignments.
   - C ☐ both A + B
6. Steven thinks …
   - A ☐ he can't live without social media.
   - B ☐ people should stop writing postcards.
   - C ☐ the older generation is scared of new technology.
7. Dr Landau believes …
   - A ☐ that it's the adults' responsibility to engage their children outside of social media.
   - B ☐ parents should engage in sports as good role models.
   - C ☐ both A + B
8. The host, Bob Jensen, …
   - A ☐ says that reading, writing and maths are out of date.
   - B ☐ doesn't think it's a good idea to ban cell phones in school.
   - C ☐ thinks traditional discipline is essential for children.

2 Reading

Es gibt viele verschiedene Arten von Lesetexten. Ebenso vielfältig können die Aufgabenstellungen dazu sein. Die Textsorten und Aufgabenstellungen, die am häufigsten in Klassenarbeiten und in der Prüfung vorkommen, werden wir dir hier vorstellen.

2.1 Strategien zum Bereich „Reading"

Je nachdem, welche Art von Lesetext oder welche Art von Aufgabenstellung du bearbeiten musst, unterscheidet sich die Vorgehensweise. Manchmal musst du die Gesamtaussage des Textes erfassen *(reading for gist/skimming)* und manchmal sollst du Details aus dem Text herausfinden. Du musst dann den Text nach den geforderten Informationen durchforsten *(scanning)*.

Arbeitsschritt 1

Zunächst einmal ist es sinnvoll, den Text an sich ganz genau zu betrachten. Manchmal kannst du bereits am **Layout**, d. h. an der Gestaltung des Textes, erkennen, um welche Textsorte es geht. Wenn du weißt, ob der dir vorliegende Text eine Werbeanzeige, ein Zeitungsartikel oder ein Interview ist, dann bist du schon einen Schritt weiter.

Arbeitsschritt 2

Als Nächstes solltest du den Text einmal **genau lesen**. Die meisten unbekannten Wörter kannst du ganz leicht aus dem **Zusammenhang erschließen**. Lass dich also nicht aus der Ruhe bringen, wenn dir das eine oder andere Wort unbekannt ist. Ganz entscheidend ist, dass du dir bei diesem Arbeitsschritt einen guten Überblick über den Inhalt deines Textes verschaffst.

Arbeitsschritt 3

Nun solltest du die **Aufgabenstellungen genau lesen**, damit du weißt, unter welchen Aspekten du den Text bearbeiten sollst. Wenn du nun den Lesetext im Hinblick auf die jeweiligen Aufgabenstellungen liest, kannst du dabei ganz gezielt wichtige **Schlüsselwörter bzw. Textpassagen markieren**, damit du sie bei der Bearbeitung der Aufgaben schnell wiederfindest.

Nun bist du für die Beantwortung der Aufgaben gut gerüstet!

Tipp

- Schaue dir den Lesetext genau an. Kannst du vom „Layout" auf die Textsorte schließen?
- Lies den Text sorgfältig durch und verschaffe dir so einen guten Überblick über den Inhalt des Textes.
- Lies die Aufgabenstellungen gründlich. Markiere beim nochmaligen Lesen des Textes wichtige Textaussagen im Hinblick auf die Aufgabenstellungen.

2.2 Häufige Aufgabenstellungen zum Bereich „Reading“

Multiple choice

Bei diesem Aufgabenformat bekommst du Fragen mit verschiedenen Antworten vorgelegt. Lies die Fragen und die möglichen Antworten genau. Beachte aber, dass sie häufig anders formuliert sind als im Text. Versuche, die Antwort herauszufinden, die am besten zum Text passt. Wenn du dir unsicher bist, dann versuche es andersherum: Suche zuerst die Antworten, die falsch sind. Dann findest du vielleicht die richtige Antwort leichter. Die Reihenfolge der Fragen entspricht normalerweise dem Textaufbau, sodass du abschätzen kannst, wo im Text die Antwort steht.
Manchmal ist mehr als eine Antwort richtig und es gibt die Auswahlmöglichkeiten *both* (z. B. *both A + C*) oder *all of them*. Aber denke daran, dass diese Auswahlmöglichkeiten auch falsch sein können. Sieh dir die zwei Beispiele genau an.

Beispiele 1 + 2

Text: Australia has long been one of the top gap-year destinations for young people from around the globe who have just finished school and want to travel for a year before starting a job or continuing their education. Many of them feel they want to do "something useful" during this time and decide to do voluntary work for a few weeks. "Doing my bit towards helping with conservation in Australia made me feel I earned my right to travel in the country I was in," says Amy from Glasgow, UK. Some of the volunteers are international travellers like Amy or Zach from New Jersey, but Australia is also known as a nation of volunteers with 38 % of women and 34 % of Australian men volunteering regularly. In the UK the number is even higher: 42 % of the population volunteer occasionally.

Beispiel ❶

What motivates many young people to do conservation work in Australia?

A ☑ They want to feel useful.
B ☐ They want to earn money to travel the country.
C ☐ They want to stay in one place and get to know it really well.
D ☐ both A + B

Beispiel ❷

Australia is a country ...

A ☐ where more women than men do voluntary work.
B ☐ which is very popular for young people to spend their gap year there.
C ☐ which attracts young people from as far away as the USA.
D ☑ all of them (A + B + C).

Bei anderen *Multiple choice*-Fragen kann es deine Aufgabe sein, für einen kurzen Text eine passende Überschrift oder Kurzzusammenfassung zu wählen. Lies den Text und die Antwortmöglichkeiten immer besonders aufmerksam durch, denn oft entscheidet nur ein einziges Wort, ob eine Antwort richtig oder falsch ist.

Beispiel 3

Task: Read the text and find a suitable headline.
Text: Last night two cars collided on the A1. Both drivers were taken to hospital. One car was totaled, while the other suffered only minor damage. The accident occurred during rush hour and caused a six kilometre traffic jam

for 45 minutes. Police have stated that one driver had an alcohol level of over 0.9.

A ☑ Drink and Drive Accident Causes Traffic Jam
B ☐ No Damage in Slight Motorway Accident
C ☐ Fatal Accident on the Motorway Causes 6 kilometre Jam

Matching

Bei *Matching*-Aufgaben handelt es sich um Zuordnungsaufgaben. Du musst beispielsweise herausfinden, welche Aktivität für welche der genannten Personen die richtige ist. Oft können auch mehrere Lösungen zu mehreren Personen passen oder Punkte übrigbleiben, die sich nicht zuordnen lassen.

Beispiel

Task: Find an appropriate activity for each person.

Text:

1. Charlie, an aspiring actor, is also trying out for the marathon. He runs 30 kilometres every morning and additionally trains in the gym. He also thinks that healthy nutrition is important. He only eats organic food that he cooks himself and grows his own vegetables in his garden.
2. Simon hates sports. He prefers hanging out with friends, staying home to watch TV (especially fantasy and science fiction) and going to the cinema. He's a bit overweight but doesn't care about his nutrition. He likes going to fast food restaurants and thinks cooking is a waste of time.
3. 23-year-old Cindy is studying to be a journalist. She likes to travel and wants to combine this with international journalism to make people aware of the poverty in the world.

A "Homes for the Homeless" Charity Event
B A talk on organic nutrition
C All night science fiction television marathon
D An exhibition on international gymnastics

1	2	3
B	C	A

2.3 Übungsaufgaben zum Bereich „Reading“

Reading Test 1: Labels

- Look at the labels and the statements in each task.
- What does the label say?
- Put a tick (✓) next to the statement that matches the label – **A**, **B**, **C** or **D**.
- There is only one correct statement for each label.

1.

Baked Beans
- open the can
- pour the contents into a pan
- heat gently until warm
- stir with a wooden spoon occasionally
- do not boil
- best before November

A ☐ Heat the can in a pan.
B ☐ Continue heating until contents boil.
C ☐ Do not use a metal spoon.
D ☐ Stir often.

2.

Heat Cream
- rub in sore muscles
- not for broken skin
- use 3 times a day
- will not damage clothes
- wash hands after use
- if pain continues after three days, visit doctor

A ☐ Do not use on or near cuts.
B ☐ After three times visit your doctor.
C ☐ For internal use only.
D ☐ May stain material.

3.

English Gravy *(Bratensoße)*
- 1 cube for 190 ml
- crumble cube into glass jar
- boil 190 ml water
- pour boiling water over cube
- stir
- mix with meat juices in pan

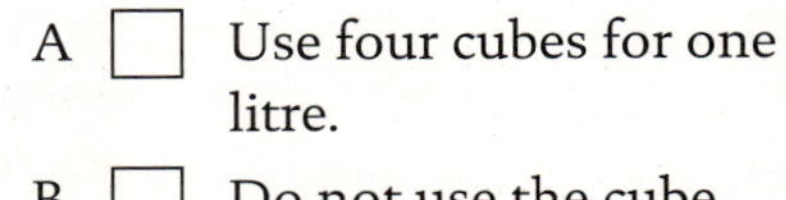

A ☐ Use four cubes for one litre.
B ☐ Do not use the cube whole.
C ☐ Mix with cold water then boil.
D ☐ Put juices into glass jar.

4.

Cough Medicine

- for adults and children over 12 months old
- adults and children over 5, 2 x 5 ml spoonfuls
- under 5s, one 5 ml spoonful
- repeat dose up to 4 times in any 24-hour-period
- once opened use within 2 months

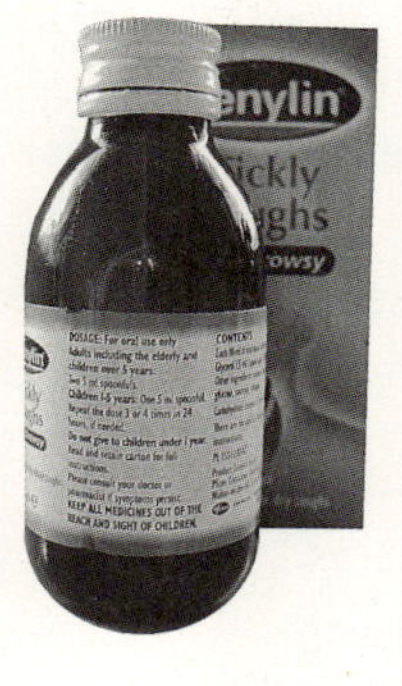

A ☐ The medicine is not for babies.

B ☐ Adults can have no more than five 10 ml doses every day.

C ☐ If you have used the medicine, throw it away.

D ☐ Use 4 times a day for 2 months.

5.

Intelligent Key

- place key in front of the plate on door
- electronic chip must be towards the plate
- when the light turns green, open door
- door closes electronically and locks
- when locked, red light shows on plate
- report any key loss immediately to caretaker

A ☐ The key must go over the top of the plate.

B ☐ The plate and the chip must face each other.

C ☐ You must lock the door when the light comes on.

D ☐ If you forget your key, you must go to the caretaker.

6.

Parking Metre

- put in correct amount
- no change given
- press green button
- take ticket
- place ticket on dashboard
- parking is for a maximum of four hours

A ☐ You must use pound coins only.

B ☐ The machine will change your money.

C ☐ You must take the tick-et with you when you leave the parking area.

D ☐ You cannot stay all day.

Reading Test 2: Short Texts

- Look at the sign and the statements in each task.
- What does the sign say?
- Put a tick (✓) next to the statement that matches the sign – **A**, **B**, **C** or **D**.
- There is only one correct statement for each sign.

1.

Due to unforeseen difficulties in Wickenham, all trains going south will unfortunately be delayed for at least two hours.
We apologise for any inconvenience.

A ☐ Trains to Wickenham will be delayed.

B ☐ Trains going to the south might be more than two hours later than scheduled.

C ☐ The reason for the delay is road works.

D ☐ The delays have been expected for weeks.

2.

Alfredo's Restaurant
will be closed
from July 23rd to August 14th
due to repairs in the kitchens and redecoration in the dining areas. We apologise for the inconvenience, and wish our guests a happy summer!
The Management

A ☐ Alfredo's restaurant will re-open in the middle of August.

B ☐ The management of Alfredo's is taking a holiday from July 23rd to August 14th.

C ☐ The kitchen and dining areas at Alfredo's have been destroyed by fire.

D ☐ The owner, Alfredo, apologises for the closure.

3.

ALCOHOL FREE AREA
It is an offence to drink alcohol in public places in this area
MAXIMUM PENALTY £ 500

A ☐ If you drink alcohol in this area, you have to pay at least £ 500.

B ☐ If you live in this area, you are not allowed to drink alcohol at home.

C ☐ You will be fined for drinking alcohol in public in this area.

D ☐ Drinking alcohol and using offensive language are forbidden in this area.

4.

Welcome

Please take a number and have a seat.
Wait until your number is displayed on the screen.

City Hall

A ☐ No more than three people are allowed to sit here.

B ☐ You have to wait for the message on the screen before you can take a number.

C ☐ At the moment, all officers at the city hall are occupied.

D ☐ Entry to the city hall offices is organised by a number system.

5.

A Shuttle Bus

to Northanger Abbey leaves every twenty minutes from the bus station on Church Street, stopping at Haight Gardens and the village of Lower Brockhampton on the way. Please note that there is no wheelchair access at the abbey.

A ☐ People in wheelchairs are not allowed to use this bus.

B ☐ If you miss this bus, you'll have to wait for half an hour before taking the next one.

C ☐ People can also board this bus in Lower Brockhampton.

D ☐ The bus ride to Northanger Abbey takes 20 minutes.

6.

CONSTRUCTION

PROJECT IN PROGRESS

PEOPLE WITH SENSITIVITY TO ODORS MAY WANT TO AVOID THIS AREA

A ☐ People who are sensitive to smells are banned from this area.

B ☐ The construction project can be quite noisy.

C ☐ A strong smell can be expected around this area.

D ☐ Only construction workers are allowed beyond this sign.

Reading Test 3: Job Ads

- Look at the job ad and the statements in each task.
- What does the ad say?
- Put a tick (✓) next to the statement that matches the ad – **A**, **B**, **C** or **D**.
- There is only one correct statement for each ad.

1.

I am looking for a sharp-eyed young man or woman to work with me as an assistant. The work of a private detective requires sharp senses, concentration, discretion, and nerves of steel. If you have these qualities and are interested in working long hours, mostly at night, and aren't scared at the idea of getting into danger on a regular basis, then leave a piece of paper with your name and telephone number in the hole in the south wall of the old cemetery on Grosvenor Street.

Bart Barksley, Private Detective

A ☐ For this job, you would have to work on the old cemetery.
B ☐ The job offered means regular working hours.
C ☐ If you have good instincts, Bart Barksley might consider you for the job.
D ☐ Bart Barksley needs a secretary to work in his Grosvenor Street office.

2.

SUN LI
Chinese Restaurant in Church Street 寿司

We are looking for an apprentice to work in the kitchen. **No previous experience is necessary**, but we are looking for someone who is interested in cooking. You must be ready to work long hours in a **hot and very, very busy environment!**

Please send applications to Mr Sun Li or call: 05698 2224

Help Wanted

A ☐ You can apply for this job in written form only.
B ☐ Working in the kitchen of Sun Li can be stressful.
C ☐ To be considered for this job, you should be an excellent cook.
D ☐ Working hours will be especially on weekends and in the evenings.

3.

Editor's Assistant

The magazine **Bournemouth Weekend** is looking for an assistant to the editor. We are looking for young people who have a talent for language and an orderly and methodical working approach. No previous experience in journalism is necessary, but we do need people who have a strong command of the English language and who are familiar with working with computers.

A ☐ This advert addresses young people with good writing skills.
B ☐ You should speak at least two foreign languages to get this job.
C ☐ Previous experience in working with computers is not necessary.
D ☐ A daily newspaper is looking for an editor's assistant.

4.

Golden Evenings Retirement Home

We are looking for a one-man or one-woman entertainment machine! If you love to have an audience and can sing, dance, play an instrument and keep people entertained for hours on end, then you should send us your application with complete references and copies of your qualifications. Write to: Mrs Edna Bright,
34 Hillsborough Avenue, SP3 4DX, Salisbury

>> Entertainers needed

A ☐ You should be familiar with elderly people to apply for this job.
B ☐ If you are rather shy and do not like being the centre of attention, rather consider something else.
C ☐ An entertainer with various musical talents is needed for a TV station.
D ☐ You will only have to work in the evenings at this job.

5.

Veterinary Clinic Looking for Clinic Assistant

We are looking for an assistant in the vet's clinic who can begin work immediately. Experience working with animals is essential, and we require any applicants who are younger than 18 to have the permission of their parents or guardians to assist in surgery on animals. Please remember that this work can sometimes involve very hard decisions! Please call **Dr. Jim Bradley** at 9898 556.

A ☐ You can only apply for this job via telephone.
B ☐ To be considered for this job, you should be familiar with medicine.
C ☐ People younger than 18 cannot apply for this job.
D ☐ Dr. Jim Bradley is looking for a clinic assistant for the next month.

6.

od Film Festival Somerset Food Fil

The Somerset Food Film Festival is looking for a trainee for our press office. If you have a good telephone manner and are interested in film, working with the public, and food, then please apply!

Write to **Emily Blunt** at **e-blunt@somersetfff.co.uk** with your application and full CV.

od Film Festival Somerset Food Fil

A ☐ You just have to write an email about your interests to Emily Blunt to apply for this job.
B ☐ The festival will take place in the summer.
C ☐ During this job, you will have to answer phone calls.
D ☐ You should be interested in films and music to be considered for this job.

Reading Test 4: The Royal Theatre

- Read the following announcements for three different plays at the Royal Theatre.
- Then read the short descriptions of people and families and decide to which performance each person or family should go.
- Tick (✓) **A** for *Robinson Crusoe*, **B** for *Summer Holiday* and **C** for *Macbeth*.

A

Wed 26th July – Sat 5th August

Robinson Crusoe

Wonderful family entertainment to begin the summer holidays. Everyone knows the story of Robinson Crusoe and how he gets shipwrecked in a storm and has to live alone on a small island. But this story starts before Daniel Defoe's famous book. First the hero is attacked by pirates, then he goes to America. After that, when sailing to South America, he finally ends up on the island by himself until he saves Man Friday from the cannibals, who arrive for their barbecue! There's lots of fun for all the family. It's a story for anyone over 7 years old.

Times: *Mon – Fri: 7.00 p.m.; Sat + Sun: 2.30 p.m., 7.15 p.m.*
Duration: 150 minutes

Prices: *Adults: £ 6.50*
Young people 11–18, students and grandparents: £ 4.50
Children under 11: £ 2.50

(to be) shipwrecked = *schiffbrüchig sein*; duration = *Laufzeit / Dauer*

B

Mon 7th August – Sun 20th August

Summer Holiday

A real summer holiday musical for the family. It makes you laugh, it makes you happy and it makes you sing the songs for weeks after you've left the theatre. It's just fun, fun and more fun, with lots of 50s and 60s music, too.
A group of young people decide to go "where the sun shines brightly" in a red, London double-decker bus which they have converted into a very big camper. They travel across Europe having fun and enjoying themselves but they're always being chased by the mother of Bobby, one of the young people. Bobby isn't just any normal girl, she's a famous singer in disguise. Her agent also wants her back in England so he, too, wants to catch up with the group of young people.

Times:
Mon – Thurs: 7.30 p.m. (Fri: no performance)
Sat + Sun: 2.15 p.m., 7.30 p.m. – Duration: 135 minutes

Prices:
Adults: £ 10.50, Young people 11–18, students: £ 8.50, Children: £ 4.50

C

Mon 21st August – Mon 28th August

Macbeth

Witches, blood, murder. What more could anyone want for a good night in the theatre? Shakespeare's *Macbeth* has something for everyone. The play starts with Macbeth on his way home after a battle meeting three horrible, old, dirty witches in the middle of a storm. They tell him he will become King of Scotland, which Macbeth wants very much. Macbeth and his wife murder the King and then Macbeth takes over. But the ending is not a happy one for Lady Macbeth or the new King of Scotland. Fast, brutal and the best theatre play this year.

Times: Every evening: 8.15 p.m. – Duration: 150 minutes
Prices: Adults: £ 12.50, young people (16–18) and students: £ 9.50
Not suitable for children under 16

	A	B	C
1. Mr and Mrs Jones like Shakespeare very much.	☐	☐	☐
2. Mrs Smith and her two children want to go to something that is cheap.	☐	☐	☐
3. Mr and Mrs Williams have a 16-year-old daughter. They all like musicals.	☐	☐	☐
4. David and his friend are going to Europe in the summer. They thought this would be fun for them to see.	☐	☐	☐
5. The Jackson family have a son who is 16 and a daughter who is 13. They all like going to the theatre together but do not like musicals.	☐	☐	☐
6. Jane's grandma wants to take her to the theatre, but she does not want to spend a lot of money.	☐	☐	☐
7. Susan and Karen do not want to go to something where there are children.	☐	☐	☐
8. Luke wants to take his brother to the theatre. But they can only go on a Friday and the performance must finish before 10 o'clock.	☐	☐	☐
9. Henry and his wife grew up in the 1950s and the early 1960s. They like seeing happy things.	☐	☐	☐

Reading Test 5: Dublin Sights

A – St. Patrick's Cathedral

Ireland's largest church, St. Patrick's Cathedral, was built by the first Anglo-Norman Bishop, John Comyn, in 1192. Because of the location on an island in the River Poddle, the cathedral has been damaged by floods several times in the past. Today, the Poddle is no longer visible, because it flows beneath the ground. Jonathan Swift, the famous author of *Gulliver's Travels*, is buried in the cathedral. It's also Ireland's "National Cathedral", because no bishop has his throne there. The Archbishop of Dublin has his seat in Christ Church Cathedral, and this makes Dublin something really unusual – a city with two cathedrals, both belonging to the Church of Ireland.

B – National Gallery

Right in the centre of Dublin, at Merrion Square West, is the place to be for all art lovers. The National Gallery houses about 14,000 artworks – paintings and drawings as well as many pieces of sculpture. Among them are works by famous artists like Monet, Degas, El Greco, Picasso, Titian and Rubens. The famous Irish writer George Bernard Shaw said that the gallery had influenced him greatly in his childhood and so he remembered it in his last will. Since his death the National Gallery has been getting one third of his royalties[1]. The money is used to buy new works of art, for example.

C – Trinity College and Library

Founded in 1592 by Queen Elizabeth I, Trinity College is Ireland's oldest university. A must-see on any trip to Dublin is Trinity College Library, which contains more than six million books and very valuable old manuscripts. Hundreds of thousands of tourists queue up[2] to see the world-famous "Book of Kells" every year – a richly decorated manuscript of the New Testament created more than 1,200 years ago. Visitors can see two of the 680 pages, but you will probably never see the same ones as they have to be changed frequently. The library is not only the largest one in the country, but also a "copyright library" – so everyone who publishes a book in Ireland has to send a free copy to this library.

D – Grafton Street

If you have time for a little shopping tour, the perfect destination for you is Grafton Street. It is situated between College Green in the north and St. Stephen's Green in the south. On one of the world's most expensive shopping streets, you can find stores from global chains as well as iconic Irish businesses, where you will find the perfect souvenirs of your trip. If your travelling budget does not allow you to spend a lot of money, you can simply admire the various buildings in Grafton Street, which also make for a great photo motif. Or you can take a break and listen to one of the buskers[3]. Grafton Street is so famous that it is even mentioned in songs, poems or books.

E – Temple Bar

If you are still up to it after a long day of sightseeing, you can spend the night in Temple Bar – Dublin's "bohemian[4] quarter" on the south bank of the river Liffey. It is famous for its lively nightlife in the numerous bars, restaurants and nightclubs. Tourists especially like the live performances of Irish music. But Temple Bar also attracts people interested in all kinds of modern art, as you can find many cultural institutions there, e. g. the Irish Photography Centre, the Irish Film Institute or the Temple Bar Music Centre. At Project Arts Centre, for example, you can experience many different forms of modern art: dance and music as well as visual art or theatre.

1 royalties – *Abgaben vom Verkauf eines Werkes an den Autor; nach seinem Tod erhalten dessen Erben diese Zahlungen.*
2 to queue up – *Schlange stehen*
3 busker – *Straßenmusikant(in)*
4 bohemian – *Künstler-*

1. Read the texts (A–E) about the five sights in Dublin and write the correct letter in each picture. Be careful, one picture can't be matched to a text.

2. Read the descriptions of Dublin's sights again. Then match the questions to the correct sights (A–E). Fill in the correct letter in each box. The sights may be chosen more than once.

Which of the places …

a) gets money if you buy a book by a certain author? ☐
b) has been damaged by water several times? ☐
c) allows you to learn more about the latest developments in different forms of art? ☐
d) is near a river you can still see today? ☐
e) doesn't have to pay for all the publications it wants to show its visitors? ☐
f) stretches between College Green and St. Stephen's Green? ☐

3. Now read the descriptions of five young people (a–e) and match each person to one sight (A–E) they should absolutely visit when in Dublin. Be careful, some sights might have to be used more than once, others not at all.

Sight		The people
		a) **Kim** is a true shopaholic. Although she enjoys visiting sights and going to museums, what she loves most is discovering the shopping scene in a city. She loves small shops where she can spot new trends, but she does not mind big shopping streets either.
		b) **Matthew** is simply not interested in old walls and paintings. He would rather find out about modern Irish culture and art and about creative Dubliners who are still alive. While doing that, he wouldn't mind getting to know the Irish pub culture either.
		c) **Rebecca** cannot imagine leaving Dublin without having seen one of Ireland's most famous pieces of art. She does not even mind if she has to stand in a queue for an hour to see it.
		d) **Jack** is not one of those tourists who have to tick off a list of "must-sees" in every place they visit. He loves to experience the atmosphere of a city and wants to remember it, either by taking home authentic souvenirs or by photographing the city's typical architecture.
		e) **Jordan** is absolutely fanatical about Irish literature. He has read books by many different Irish authors and has even started to study literature at university. So, he simply has to go and visit his favourite author's grave in Dublin.

Reading Test 6: Adverts

- These five people (a–e) have been reading the adverts (A–E).
- Read the information about the people and look at the ads.
- In each case, find the **two** adverts the people would write to. Write the letters of the ads in the boxes next to the people's names.
- There is no first or second choice. You just need to give **two** answers for each person.
- More than one person can write to an advert.

No.	Ad 1	Ad 2	The people	
1/2				a) **Jackie** has no idea what she wants to do. She can drive and enjoys drawing, especially sketches for stylish new outfits. She lives near the sea and often watches people having fun on it. Sometimes she wonders if she could do something like them, but there are no courses near her.
3/4				b) **Becky** would like to do something really special before she starts her new job. Although she wants to learn to drive, she is thinking about doing some voluntary work abroad, too.
5/6				c) **Mark** is a real sports fanatic. He's fit and fun loving. He has no strong interests but would like to do something for a short time away from home – perhaps half a year working somewhere very different.
7/8				d) **Jane** is full of energy and enthusiasm. If she wants to do something, she will. She loves music technology and meeting new people. For Jane, life is just go, go, go. She plays many sports and drives a fast car.
9/10				e) **Conor** often tells his sisters what they should wear. They love his cool ideas. He would like to visit places with colourful ethnic designs but he is scared of flying. He also wants to go on holiday with his girl-friend but he doesn't know where they can go. Everything always sounds so boring.

A

WE NEED ENERGETIC AND FRIENDLY YOUNG PEOPLE TO HELP WITH PROJECTS IN AN AFRICAN VILLAGE. WE'RE BUILDING A SCHOOL AND A HOSPITAL.

HELP

NO EXPERIENCE, JUST ENTHUSIASM AND SOME ENGLISH. 1ST AUGUST - 1ST MARCH. ACCOMMODATION AND FOOD.

B

Learn to drive in 14 days

- Intensive training.
- Learn on private roads, then on normal roads.
- Also included is a fun day, slow and fast – hills and mud with our off-road car and later a lesson with George and his racing car.

C

No 'Superstar' show – just hard work

6 months with us, a leading record company. Learn about the music business, meet the names and make contacts. No money, no accommodation, no food – nothing. YOU make the effort, we give you the chance.

D

Design your own clothes

Fashion leaders *Hijacks* offer a young person the opportunity to "design and make" for one week in September. You design and we make. What an opportunity!

E

AdCamp HOLS

Bring your own tent and enjoy AdCamp's facilities.

On the water:	kayaking, sailing, windsurfing, surfing
On land:	quads, horse riding, tennis, basketball, walking, and lots more
At night:	10 minutes walk away from Brighton's nightlife – cinemas, discos, concerts and theatres

Quiet or loud, lazy or active – we have something for everyone.

Reading Test 7: People and Books

- These people (a–e) enjoy reading and are always on the lookout for new books.
- Read the information about the people and the books (A–G).
- In each case, find the **two** books the people would buy. Write the letters of the books in the boxes next to the people's names.
- Some of the books can be chosen more than once.

No.	Book 1	Book 2	The people	
1/2				a) **Philip** is looking for a book as a present for his mother. She doesn't read much fiction, but prefers to find inspiration for her own life. She goes on holiday a lot and especially likes road-trips. But she is also a person who likes to learn how to do something herself.
3/4				b) **Holly** has never liked science fiction. She prefers stories about historical events, but not about real people's lives. They should rather have interesting characters in them with whom she can identify, laugh or cry. If the books she reads also teach her something about the period in which the action takes place, that is an added bonus.
5/6				c) **Freya** is a very active girl. As soon as she is old enough, she wants to go to America, hire a car, and travel from one side to the other. Until then, she reads books that make her dream about her big journey. She is also interested in everything else related to her favourite country.
7/8				d) **Ryan** does not enjoy stories about the past or other people's lives. He prefers fantasy or ghost stories which give him goosebumps and are so exciting that he cannot put them down. While reading, he loves trying to imagine what might happen next and what places or things would look like if they were real.
9/10				e) **Caitlin** enjoys reading, but not for hours on end. For her, a book with several separate stories or chapters would be perfect. She prefers being outdoors, especially by the sea. In the village by the Atlantic Ocean where she lives, her family has a small garden on the cliffs where she loves working and listening to the sounds of the waves.

A) **Great Sea Adventures**

This book contains several true stories of those brave people who sailed all over the world. The stories are not just of Captain Cook and other famous people but of normal people's adventures, too, like 16-year-old Laura Dekker, who sailed around the world by herself. While reading, you will almost hear the waves and taste the salt of the oceans.

B) **Route 66**

Bill and Daisy decide to travel the most famous highway in the world, Route 66. They buy two large motorbikes and set off along this iconic road, leaving Chicago on a dull, misty morning. Read the true story about the exciting discoveries they make on their way to Pacific Pier in Los Angeles, the end of their journey.

C) **Found**

Carrie is walking her dog along the path next to the beach. Her dog suddenly runs away with its tail between its legs. Carrie turns and sees a strange object on the grass. She touches it, but it's so cold it hurts her fingers. Suddenly, the object disappears. Two days later, Carrie's dog runs away again, terrified. Carrie knows what she will find, but what is it and where does it come from? Let this mysterious story captivate you from page 1.

D) **The Long Walk**

Jerome, a Navajo, tells the terrible story of his people, who were made to leave their lands by the US Army and walk during a bad winter to a small reservation 500 kilometres away. On the long walk, 200 of the Navajo died from cold, hunger and illness. Although the story is fictional, suffering with Jerome and his people will give you an insight into America's cruel past.

E) **The 30-Minute Garden**

Most people like their gardens to look nice, but never have enough time to do a lot of work in them. This book shows you how you can make your garden look great in 20 short chapters.
It gives a lot of tips and advice and is perfect for both passionate gardeners and those who want to become one.

F) **Blackmoor**

You won't be able to sleep at night after you've read this book. Only one person knows what is happening at Blackmoor Hall. Not even the people living in the village know who lives in the 300-year-old house hidden by trees and surrounded by a high wall – or anyone who works there. But they hear the terrible noises at night. This book might not be realistic, but it tells an exciting story with a frightening ending.

G) **The Wall**

It's 128 AD and Titus, a young Roman soldier, is living and working along Hadrian's Wall protecting Britain and the Roman Empire from the Scots. He hates the cold, damp north of England and dreams of returning to his family in Italy. One night, as he walks along the Wall, he hears a sound; he turns around and looks into the face of a Scot. Read this story of an unlikely friendship and explore a Britain of almost 2,000 years ago.

Reading Test 8: "We May Be 'Born Free', but ..."

In South Africa, young people born after 1994 – the year when Nelson Mandela was elected the first black president – are often referred to as "born frees". They are the first generation to grow up in a free and democratic society, the first who no longer experienced the system of racial segregation that had characterised South Africa for almost half a century. The born frees now make up about 40 % of the population in South Africa.

During the so-called apartheid era, the population was divided into the following four racial groups: White, Bantu (black Africans), Coloured (of mixed ethnic origin) and Asian. While people with British or Dutch roots enjoyed lots of privileges, the non-white groups (especially black people) were systematically oppressed. For example, they were not allowed to vote and were forced to live in particular areas called "homelands". These territories, also called "Bantustans", took up only 13 % of South Africa's territory, which left 87 % of the land for white people. Public facilities were usually segregated into white and non-white zones so that white people did not have to share the same space with members of the other groups.

For "born frees" like Mbali Legodi, a black teenager from Cape Town, this period seems far away. "Of course, my parents and grandparents have often told me about it, but I can't really imagine what it must have been like. I think for most of our generation, it's normal to move around freely or be allowed to vote." Young South Africans nowadays take many of the hard-won privileges for granted, which has led some of the older generation to think of the "born frees" as spoiled or naive. "They should be grateful and show more respect for the older generation. Without us they would not have the same opportunities," says 65-year-old Lesidi Nkosi. Yet today's youngsters have to cope with problems of their own.

"Many of my friends are unemployed, there simply aren't enough jobs," Mbali says. According to recent statistics, about 50 % of South Africans between the ages of 15 and 24 are out of work. Black Africans seem to be particularly at risk of facing long-term joblessness. In addition, those who do find work also earn considerably less than the average white person. "I guess if you look at it from that perspective, not so much has changed. Even 20 years after the end of apartheid, the old inequalities are still in place."

Another problem is health: A large number of young people in South Africa are HIV-positive. Women are much more likely than men to be infected and suffer not only from insufficient medical treatment but also from social stigmatisation. The sad consequence of this development is 2.3 million orphans, who have lost their parents to AIDS.

Like many of her generation, Mbali is frustrated with the government, who, she feels, is doing too little to fight HIV/AIDS, improve education or create new jobs. "If you ask me, our politicians are all corrupt. They only take our money to line their own pockets."

Has she ever considered leaving South Africa and moving to another country? "I knew you would ask that. But no, never. I mean, just look around you: I live in the most beautiful country in the world. There are so many creative people, people who want to change things. We may be 'born free', but there's still a lot for us to do in this society." *(575 words)*

1. Decide whether the following statements are true or false. If there is not enough information to answer "true" or "false", choose "not in the text".

	true	false	not in the text
a) The term "born frees" refers to black people who were released from prison.	☐	☐	☐
b) During apartheid, people whose ancestors came from Great Britain or the Netherlands had many more rights than non-white people.	☐	☐	☐
c) Black and white people weren't allowed to live in the same neighbourhood.	☐	☐	☐
d) Mbali's family have never told her about the apartheid era.	☐	☐	☐
e) Nowadays black people still do not have the same opportunities as white people.	☐	☐	☐
f) More people are HIV-positive in South Africa than in any other country in the world.	☐	☐	☐
g) Emigration is out of the question for Mbali.	☐	☐	☐

2. Put a tick (✓) in the box next to the correct answer. Only one answer is correct in each case.

a) The "born frees" ...

A ☐ make up the majority of the South African population.
B ☐ have experienced apartheid first-hand.
C ☐ have grown up in a democracy.
D ☐ all of them (A + B + C)

b) By means of the policy of "homelands" ...

A ☐ black South Africans were hindered from voting.
B ☐ the South African territory was equally distributed among the different racial groups.
C ☐ the non-white part of the population was discriminated against.
D ☐ people with British or Dutch roots were able to live in rich residential areas.

c) Which of the following problems do the "born frees" face?

A ☐ They feel misunderstood by older generations.
B ☐ Many of them do not find a job.
C ☐ They feel misrepresented by politicians.
D ☐ all of them (A + B + C)

d) HIV/AIDS …

A ☐ has affected about 2.3 million South Africans.
B ☐ affects people not only physically, but also has social implications.
C ☐ is a top priority for South African politicians.
D ☐ affects all parts of the South African population in equal measure.

e) The article shows that people like Mbali …

A ☐ love their country despite the many problems they face.
B ☐ finally live in a country where all parts of the population are treated equally.
C ☐ generally agree with South African politics after Mandela.
D ☐ both A + B

3. Match the following people (❶–❹) with the information (**A**–**G**). Some of the information does not fit.

❶ Born frees …
❷ South Africans with mixed ethnic background …
❸ Mbali Legodi …
❹ Political leaders in South Africa …

A … are suspected of being dishonest.
B … have never had to fight for their rights.
C … suffered from segregation and discrimination for many years.
D … is thinking about emigrating.
E … are doing their best to improve the living conditions for black South Africans.
F … heard stories about racial inequalities from her relatives.
G … consider democratic values to be normal.

❶	❷	❸	❹

Reading Test 9: Young Refugees Learn about U.S. on the Soccer Field

As 17-year-old goalie Zara Doukoum swings her right leg back for a fierce kick up a north Phoenix soccer field, 13-year-old Win La Bar is grappling for a ball with his buddies at the other end to show off their footwork.

Nearly 200 refugee children in Arizona now play for the North Phoenix Christian Soccer Club.

"My parents were from Burma or Myanmar, as it is called now", Win explains. "Several wars were going on. It was dangerous, so they had to flee from their home and just go somewhere that they could, so they just ended up in Thailand. And then I was born."

He's never been to Myanmar, though he says he'd like to visit. The family came to Phoenix about five years ago. The soccer club helped him make friends and navigate his new life in Arizona, and the coaches taught the family how to figure out life in the U.S., like getting food benefits and car insurance.

"It was very different, very hard to adapt into this world ... it's hard to understand, 'cuz I'd never seen stuff here, like cars or planes, those things ... it's very different from where I used to live," the teen says.

Win doesn't remember how he learned English, but one of the coaches has tutored him and his younger brothers since the family arrived. Now he gets top grades, A's mostly.

Ten family members live between two neighboring apartments in Phoenix; Win, the middle child of six, is the only one who has his own bedroom.

European football team posters – Germany mostly – cover the walls lined with soccer trophies and medals he's happy to take down for a closer look. He was the most valuable player one year, he shows off with an easy smile. He'd like to play professionally.

"I love it here, because I've got a better chance to get a better education, and get to play more soccer, without worrying about gunshots," Win says. "I don't want to have the same thing my parents had to go through."

Two hours after Friday night's practice begins, the floodlights finally go out. The footballers play until the last second possible, when it's so dark their silhouettes fade against the night.

Alondra Ruiz will spend the next few hours dropping off the same teenagers she picked up earlier in the evening. During soccer season, this is the routine. "I love our rides in the car, they ask a lot of questions, like 'how does this work?' I get the opportunity to teach kids things that maybe their parents can't answer," says Ruiz.

Officially, she is the club's administrator. In practice, she is tutor, activities coordinator, chauffeur, and counselor.

Ruiz knows the challenges of growing up as an immigrant child in the Southwest U.S.

"I listen a lot when I'm driving," she says. "What I hear often is that they're being treated different at school, that they're not being accepted. I relate to that 100 %. I wasn't accepted coming from Mexico."

Arizona has taken in over 33,000 refugees since 2002, making it the 7th highest state for resettlement behind Texas, California, New York, Minnesota, Florida and Washington.

And the soccer club reflects the diversity among the refugees. Arizona has accepted 13 nationalities in the last year alone. Between players born in the U.S., Latin America, and resettled refugees, the teams represent more than a dozen countries this year. Ruiz counts players from at least 24 countries in the club's history.

For Zara Doukoum, that variety is why she joined when she arrived from Gabon, a country in central Africa, where she was born after her family fled from Chad. Her teammates and coaches give her a sense of community that goes beyond what she has in school, and like Win, she finds comfort in fellow English-learners.

"I related to them because people didn't understand me, too, when I speak English … every refugee in America went through that," she explains.

This spring, Zara will graduate from Central High School, the public school attended by most of her teammates – whom she calls her "sisters" on the field; it will be four years since she arrived in Phoenix with her mother and three actual sisters.

She wants to go to college, she doesn't care where. Maybe she'll play soccer, or tennis.

"If that doesn't work for me, I see myself just helping around, giving back to the community the way people give to me," she says.

Playing sports is how she feels she can express herself. "When we first came, we never won a game. Some parents … they were laughing at us when we were playing on the field. But those things didn't touch us. They make us become stronger," she explains. "We have to go hard, to prove a point, like 'we can do it. We are stronger than what you guys think we are'." *(816 words)*

Adapted from: Victoria Macchi, Voice of America, September 2015.

1. Read the text and the questions carefully. Tick (✓) the correct answer.

a) Win La Bar was born in …

A ☐ Arizona.
B ☐ Burma.
C ☐ Thailand.
D ☐ Phoenix.

b) How have Win and his family profited from the North Phoenix Christian Soccer Club?

A ☐ It paid the family's car insurance.
B ☐ Win has been helped with his school work by one of his coaches.
C ☐ The soccer club will help Win to go to a top university.
D ☐ all of them (A + B + C)

c) What does Win particularly like about life in the USA?

A ☐ the peace
B ☐ the prosperity
C ☐ the individualism
D ☐ the tolerance

d) What is Alondra Ruiz' job at the soccer club?

A ☐ She is a soccer coach.
B ☐ She drives children to and from soccer training.
C ☐ She is a professional counselor.
D ☐ She is an English teacher.

e) The soccer club has seen players from … since its foundation.

A ☐ 13 different countries
B ☐ a dozen countries
C ☐ two dozen countries or more
D ☐ 200 countries

f) What does Zara Doukoum especially like about the North Phoenix Christian Soccer Club?

A ☐ Teenagers from many different countries form a community there.
B ☐ She feels almost as accepted there as in her school.
C ☐ She can play soccer there together with her three sisters.
D ☐ all of them (A + B + C)

g) Zara Doukoum …

A ☐ was born in Chad.
B ☐ lived in Africa until she was 15 years old.
C ☐ came to Phoenix with her parents and siblings.
D ☐ none of the above

h) What are Zara's plans for the future?

A ☐ She wants to improve her English to be able to graduate.
B ☐ She wants to go to one of the best colleges.
C ☐ She wants to stay together with her teammates.
D ☐ She wouldn't mind supporting the community in any way she can.

i) All in all, the North Phoenix Christian Soccer Club …

A ☐ is unique because no other American soccer club has members from so many different countries of origin.
B ☐ helps refugee children to feel more self-confident and integrated.
C ☐ sends many of its players to top universities.
D ☐ is supported by the US government as an example of integration.

2. Match the people and institutions from the text (a–d) to the statements (A–F) and write the correct letter in the boxes. Use each letter only once. Be careful, there are two statements that you do not need.

a) Win La Bar ☐
b) North Phoenix Christian Soccer Club ☐
c) Alondra Ruiz ☐
d) Zara Doukoum ☐

A The most important thing for us is that the kids do well at school.

B I'm really proud that I've made it this far. And believe me, school wasn't always easy, especially in the first few months.

C I'm grateful for all the opportunities that are offered to me in the US.

D I try to help the children in every way that I can because I know exactly what they are going through.

E I can't imagine what it must feel like to start a new life in a new environment.

F We offer an integration program for child refugees.

Reading Test 10: Boot Camps for Teenagers

Legal systems in many countries have difficulties dealing with youth crime. As well as studying the origin and handling the aftermath of youth crime, there is an immediately pressing issue – what does a society do with its underage criminals?

One approach taken in the US since the early 1980s, first in the states of Georgia and Oklahoma, is the use of so-called boot camps. The term "boot camp" was originally used by the US military to describe camps in which new recruits were trained under extremely intense and punishing conditions. With the goal of enforcing the patterns of behaviour required by the military – unthinking obedience[1] to superiors, enormous tolerance for stress, absolute familiarity with military equipment and procedures – the recruits in boot camps are subjected to non-stop, day-long training schedules. Superior officers and trainers give no praise or encouragement, but any sign of weakness or failure to perform to the highest levels is immediately and mercilessly punished. The idea is that a person is broken down to a basic level, and then rebuilt with the "correct" behaviour. While these methods could be considered acceptable for professional soldiers, the use of the boot camp system for handling youthful criminals is extremely controversial.

Boot camps are intended to be a punishment worse than probation[2] and not as bad as prison.

The methods are generally summed up under the term "shock treatment", and involve mostly military-style training and marching. The sentences can range from 90 to 180 days. Youths can land in boot camp if they choose it instead of a prison sentence, or a judge can send them to boot camp as their sentence. It is also possible for parents to send their children, with or without their consent, to boot camp if they feel they can no longer handle them at home – even if they haven't been convicted of a crime. Boot camps in the US are run by both the government and private institutions. There are estimated to be up to 100 boot camps for young people in America. They exist in over thirty states, although they have been banned in Florida since 2006, following the death of a 14-year-old boy at the hands of his drill instructors. This has not been the only case of abuse and death in boot camps.

Following waves of criticism, many boot camps now also offer extra activities. These may include educational courses, vocational training, and special programmes for drug offenders. However, these measures are seen by critics as being not strong enough to balance the overly strict system.

The stated goals of the boot camp system in changing the youths' behaviour – to deter, and to reduce recidivism[3] – have so far not been proved to be successful by any studies of the system. The rate of recidivism in boot camps and prisons is the same – that means that youths coming out of a boot camp are just as likely to return to crime as are released prisoners. As for the boot camps' value as a deterrent, this is almost impossible to measure. How can anyone calculate how many youths have not committed crimes because they are scared of going to boot camp?

The most common criticism of the entire system is this: is it possible to force children to suffer exhausting physical and psychological stress, in an unfamiliar and hostile environment, and expect them to develop respect for themselves and other people? Or is it instead more likely that a system that is totally fixated on strict rules will develop, at best, obedience; but also frustration, anger, resentment, violent and uncontrollable temper, low self-esteem and, of course, aggression? These would seem to be exactly the behaviour patterns which lead young people to commit crimes in the first place.

Canadian authorities have been studying their neighbours' efforts in this field for some time. Like most European countries, Canada is suspicious of military influences in civil society. The Canadians have chosen another option – the so-called "wilderness camps", which rely on "adventure therapy" and "outdoor education" and try to work on the youths' behaviour by using more positive and productive methods. The Canadian approach has a far lower rate of recidivism and doesn't concentrate on military-style training. *(701 words)*

1 obedience – *Gehorsam*
2 probation – *Bewährung*
3 recidivism – *Rückfallquote*

1. Read the text and the questions carefully. Tick (✓) the correct answer.

a) Boot camps to fight youth crime were first introduced in …

A ☐ Oklahoma.
B ☐ Florida.
C ☐ Georgia.
D ☐ both A + C

b) Originally, boot camps of the military were meant to …

A ☐ teach young soldiers a critical attitude towards their superiors.
B ☐ make soldiers cope with stress more easily.
C ☐ punish misbehaving young soldiers.
D ☐ all of them (A + B + C)

c) Boot camp sentences can be as long as …

A ☐ three months.
B ☐ three weeks.
C ☐ six months.
D ☐ a year.

d) How can teenagers land in boot camps?

A ☐ They themselves can decide to go there instead of going to prison.
B ☐ They can be sent there by their parents, but only after a criminal conviction.
C ☐ Private institutions can force teenagers to participate in boot camp training.
D ☐ both A + B

e) Educational courses and other special activities have been introduced in many boot camps to ...

A ☐ attain their re-introduction in Florida.
B ☐ counter their reputation of being inhuman.
C ☐ attract teenagers to the military.
D ☐ get more funding by the government.

f) Which positive results of boot camps have been proved?

A ☐ They lower the rate of recidivism.
B ☐ They deter youths from becoming criminals.
C ☐ They help to cure drug addictions.
D ☐ none of the above

g) What is the most common criticism against boot camps for teenagers?

A ☐ They do not teach the teenagers obedience.
B ☐ They are too expensive.
C ☐ They are not as successful in lowering recidivism as prisons are.
D ☐ They generate feelings which are often at the core of youth crime.

h) What is true of the Canadian authorities' approach towards fighting youth crime?

A ☐ They are not interested in their neighbouring country's alternative methods of punishment.
B ☐ They prefer a combination of military and outdoor activities to educate young criminals.
C ☐ Their approach to fighting youth crime is more successful than the US system.
D ☐ both A + C

i) The overall aim of the text is to ...

A ☐ compare military boot camps to wilderness camps.
B ☐ discuss the pros and cons of wilderness camps.
C ☐ inform the reader about boot camps for young criminals.
D ☐ give an overview of different boot camp systems in Europe and North America.

2. Three pupils – Luke, Emma and Paul – had to write a summary of the text, but only one of them did a really good job. Tick (✓) the correct summary.

Luke ☐

Although the system was controversial when it was introduced in Canada in the 1980s, boot camps have become widespread in North America. They are based on military training camps, and their tough, unsentimental approach to dealing with underage criminals has had some success, but has also been criticised for being too harsh and for not actually achieving the goals it sets out to achieve. These goals include: teaching kids about military life; helping them find their way into work after their time in the boot camp; and lowering the costs of running prisons. Critics of the boot camp system claim that instead of solving the problems of youth crime, it can actually make the situation worse by increasing feelings of anger, resentment, frustration and aggression in the kids.

Emma ☐

Boot camps currently exist in three states in the USA, having been banned in all the others following a series of controversies and accidents in the 1980s and 1990s. Observers of American boot camps in Canada and Europe claim that the system doesn't work – that instead of acting as a deterrent and a means of reducing recidivism among young criminals, it actually makes the situation worse by breaking down the criminals' feeling of self-worth and their identity in society even further. The maximum sentence is 18 months, and recent developments in the boot camp system have led to the establishment of other services which allow this time to be used in a more productive manner, offering the criminals vocational training programmes, some form of education, and assistance for youths with drugs problems.

Paul ☐

Boot camps are a method of dealing with young criminals which was introduced in the United States in the 1980s. They are based on military training camps and are intended to provide a balance between the options of probation (which is considered to be not strict enough) and a prison sentence. The main ideas behind boot camps are to provide a deterrent and to reduce recidivism among young criminals. Boot camps exist in over 30 states, but have by now been banned in some. Many camps now also offer other services to ensure that the time spent in them has some benefit for the young criminals, apart from simply punishing them. Despite these efforts, the boot camp system remains extremely controversial, and has been rejected by experts in many European countries and Canada in favour of a less militaristic approach.

3 Writing and Mediation

Viele Schüler*innen sind der Meinung, dass sie sich auf den Bereich „Writing" nicht vorbereiten können, da die Aufgabenformen sehr stark variieren und die Note – wie im Deutschunterricht – ohnehin ganz von der individuellen Einschätzung der Lehrkraft abhänge. Erschwerend kommt im Fach Englisch noch die Fremdsprache und die damit verbundene Fehleranfälligkeit hinzu. Aus diesen Gründen beschäftigen sich manche gar nicht erst mit dem Kompetenzbereich „Writing", was umso schlimmer ist, wenn man bedenkt, dass gerade dieser Bereich einen beträchtlichen Teil der Note in der Prüfung ausmacht.
Mache nicht den gleichen Fehler! Lies die folgenden Seiten gut durch. Du wirst sehen: Eine sinnvolle und erfolgreiche Vorbereitung auf das Schreiben kurzer Texte auf Englisch ist möglich.
Dem Bereich „Writing" kann auch die „Mediation" zugeordnet werden, doch was versteht man darunter? „Mediation" bedeutet Sprachmittlung. In einer Sprachmittlung überträgst du Informationen aus dem Deutschen ins Englische oder umgekehrt, ohne wortwörtlich zu übersetzen. Im MSA wird dir in der Regel ein Text auf Deutsch vorgelegt, dessen Inhalt du ins Englische übertragen musst. Bisweilen bekommst du auch zwei deutsche Texte zur Auswahl, von denen du allerdings nur einen bearbeiten musst. Meist ist in der Aufgabenstellung auch eine bestimmte Textsorte vorgegeben, z. B. kann verlangt sein, dass du die wichtigsten Informationen in Form einer E-Mail wiedergeben sollst.

3.1 Strategien zum Bereich „Writing"

Langfristige Vorbereitung

Du kannst dich auf die Schreibaufgaben in Klassenarbeiten und Prüfungen nur langfristig gut vorbereiten. Wenn du dir erst zwei Tage vor der Prüfung überlegst, dass du in diesem Bereich noch Schwächen hast, dann ist das für eine sinnvolle Beschäftigung mit diesem Thema definitiv zu spät.

Methode 1

Schaue bzw. höre dir englischsprachige Interviews mit deinen Lieblingsstars im Internet (z. B. bei YouTube) oder im Fernsehen an. Sieh dir Filme im Original an, entweder im Kino – falls sie in deiner Stadt im Original vorgeführt werden – oder auf DVD bzw. über einen Streaming-Dienst im Internet (z. B. Netflix). Als Hilfe kannst du dir – falls möglich – auch die englischen Untertitel einblenden lassen und die Dialoge mitlesen.

Methode 2

Versuche, möglichst viel in englischer Sprache zu lesen; auch hier wirst du im Internet fündig. Du kannst dich z. B. über Themen, die dich interessieren, im Online-Lexikon Wikipedia informieren. Hier gibt es übrigens auch den Bereich „Simple English", falls dir die Texte zu schwierig sind. Oder probiere, Romane und Geschichten auf Englisch zu lesen. Deine Lehrerin oder dein Lehrer können dir sicher Tipps für geeignete Bücher geben. Du wirst sehen: Mit der Zeit verstehst du mehr und mehr, und viele Ausdrücke und Redewendungen kommen dir immer vertrauter vor, sodass du sie für deine eigenen Texte verwenden kannst.

Eine gute Übung ist es auch, sich viel in der Fremdsprache zu unterhalten. Sprich doch hin und wieder mit deinen Freunden oder deinen Geschwistern Englisch. So wird dir das eigenständige Formulieren von Mal zu Mal leichter fallen.

Methode 3

Das Schreiben des Textes

Ganz gleich, welche Art von Text du schreiben musst, die Vorgehensweise ist dabei immer dieselbe.

- **Lies die Aufgabenstellung gut durch** und überlege genau, was darin von dir verlangt wird. Normalerweise nennt dir die Aufgabenstellung auch den formalen Rahmen, in dem deine Antwort gehalten sein soll. Beachte also, wie du dich beispielsweise in einem Online-Chat, in einer E-Mail etc. ausdrücken solltest. Hier helfen dir die Wendungen auf den Seiten 82 bis 84 sowie die Hinweise zu den häufigen Aufgabenstellungen auf den Seiten 81 und 82.
- Bevor du mit dem Ausformulieren deiner Lösung beginnst, solltest du dir genau überlegen, was du schreiben könntest. Mache dir also im Vorfeld einige **Stichpunkte auf einem Notizblatt**.
- Eine gute Möglichkeit, deine Ideen zu ordnen, bietet eine **Mindmap**. Bei dieser Methode stellst du den zentralen Begriff, um den es bei deinem Text geht, ins Zentrum und notierst sternförmig alle weiteren Begriffe, die dir zum Thema einfallen.
- Sollst du auf Fragen in einem Chat oder Forumsbeitrag antworten, so markierst du am besten alle Fragen im Ausgangstext, damit du nicht versehentlich einen Aspekt übersiehst. Um deine Ideen zu sammeln, kannst du auch eine **Tabelle** auf einem Notizzettel anlegen, in der du die Fragen in knapper Form notierst und mögliche Antworten in Stichpunkten ergänzt.
- Nachdem du einige Stichworte zum Thema gefunden hast, schaust du noch einmal genau auf die Aufgabenstellung und achtest darauf, dass du alle geforderten Aspekte berücksichtigst.
- Nun musst du den **Text formulieren**. Achte darauf, dass du Abhängigkeiten, Folgen etc. durch entsprechende Konjunktionen (Bindewörter) deutlich machst. Greife auf Redewendungen zurück, die du gelernt hast. Schreibe kurze, überschaubare Sätze, um Grammatikfehler zu vermeiden, bemühe dich aber dennoch, deine Sätze abwechslungsreich zu gestalten. Beginne z. B. nicht jeden Satz auf die gleiche Weise. Wenn du etwas nicht ausdrücken kannst oder dir der Wortschatz fehlt, dann versuche einen anderen Aspekt zu finden. Auf den Seiten 82 bis 84 haben wir einige Redewendungen und Phrasen zusammengestellt, die dir beim Schreiben helfen werden. Lerne sie auswendig. Du wirst sie immer wieder einsetzen können.
- Nimm dir auf jeden Fall die Zeit, am Ende alles noch einmal in Ruhe **durchzulesen**. Achte dabei auf die inhaltliche Geschlossenheit deines Textes. Ist er

logisch aufgebaut? Gibt es keine Gedankensprünge? Bist du auf alle in der Aufgabenstellung geforderten Aspekte eingegangen?

- Wichtig ist aber auch, dass du noch einmal gezielt nach Rechtschreib- und Grammatikfehlern suchst und diese entsprechend verbesserst.

Vielleicht kommen dir diese Arbeitsschritte eher zeitaufwendig und umständlich vor. Versuche aber dennoch, genau danach vorzugehen: Du wirst feststellen, dass du dadurch bei den Hausaufgaben, in Klassenarbeiten und natürlich auch in der Prüfung wertvolle Zeit sparst. So wird es kaum passieren, dass du vergisst, auf bestimmte Fragen einzugehen. Klar sollte dir allerdings auch sein, dass du dieses Verfahren üben musst.

Tipp

- Lies die Aufgabenstellung genau und analysiere sie.
- Mache dir einige Stichpunkte.
- Überprüfe, ob du alle Aspekte der Aufgabenstellung berücksichtigt hast.
- Formuliere den Text anhand der Aufgabenstellung und der vorgegebenen *prompts* Schritt für Schritt aus.
- Lies deinen Text abschließend noch einmal genau durch und überprüfe dabei, ob er logisch aufgebaut und verständlich geschrieben ist. Verbessere Rechtschreib- und Grammatikfehler.

3.2 Strategien zum Bereich „Mediation“

- Lies die Arbeitsanweisungen und den deutschen Text/die deutschen Texte aufmerksam durch.
- Oft hast du zwei Texte zur Auswahl. Lies also beide Texte zuerst durch und triff dann eine Entscheidung, über welchen Text du schreiben möchtest.
- In der **Aufgabenstellung** findest du häufig einen Hinweis darauf, über wie viele und über welche Aspekte du schreiben sollst – richte dich hier genau nach den Vorgaben. Es kann hilfreich sein, wichtige Textstellen im Original farblich hervorzuheben, damit du sie in deinem englischen Text nicht vergisst.
- Die Aufgabenstellung gibt dir außerdem einen **Adressaten** sowie eine **Textsorte** für deinen Text vor. Das hilft dir wiederum bei der Auswahl geeigneter Informationen sowie bei der Formulierung einiger in bestimmten Textsorten stets wiederkehrender Versatzstücke (z. B. Einleite- und Schlussformeln in E-Mails o. Ä.). Beachte außerdem, was man deinen Adressaten, meist Angehörige einer anderen Kultur, erklären muss.
- Denke daran, dass es **nicht** deine Aufgabe ist, **wortwörtlich** zu übersetzen! Stattdessen sollst du die gegebenen **Informationen in eine andere Sprache übertragen**. Du kannst also auch Wörter, die du nicht kennst, einfach umschreiben oder den Satz so formulieren, dass du die unbekannte Vokabel gar nicht brauchst. Lasse jedoch keinesfalls eine Lücke.
- Wenn du auf Englisch schreibst, formuliere keine zu komplizierten Sätze; so kannst du unnötige Fehler vermeiden. Denke aber daran, vollständige Sätze zu formulieren, es sei denn, die Arbeitsanweisungen verlangen etwas anderes.

- Lies deinen Text am Ende noch einmal aufmerksam durch und korrigiere deine Fehler sowie „holprige“ Formulierungen. Überprüfe auch, ob dein Text logisch aufgebaut ist und ob du alle Vorgaben der Aufgabenstellung berücksichtigt hast.

Tipp

- Übertrage die Informationen sinngemäß in die andere Sprache und achte dabei auch auf einen guten Ausdruck sowie Fehlerfreiheit.
- Wichtig ist eine sinnvolle Auswahl an Informationen, sodass du die Aufgabenstellung, die geforderte Textsorte und den/die vorgegebenen Adressaten beachtest.
- Eine Sprachmittlung ist keine wörtliche Übersetzung!
- Lies dir deinen Text am Ende noch einmal durch und kontrolliere, ob er alle gefragten Informationen enthält.

3.3 Häufige Aufgabenstellungen zum Bereich „Writing and Mediation“

Ein Foto in einem Chat beschreiben

Im ersten Teil des Bereichs „Writing“ erhältst du als Vorlage meist einen angefangenen Chat mit einem Freund/einer Freundin. Bereits enthalten sind ein Foto sowie einige Fragen dazu, die du in aller Kürze beantworten sollst. Normalerweise sind dies sehr einfache Fragen, wie z. B. die nach dem Ort der Aufnahme, nach den Personen auf dem Bild und dem Hintergrund seiner Entstehung. Selbstverständlich gibt es für deine Beantwortung dieser Fragen keine eindeutige Vorgabe. Achte darauf, dass deine Antworten zum Foto passen und dass du auf alle gestellten Fragen eingehst.

Auf Beiträge in einem Online-Forum antworten

In „Writing Part 2“ wird dir meist ein Beitrag aus einem Online-Forum vorgelegt, auf den du reagieren sollst. Der Verfasser bzw. die Verfasserin des Beitrags wendet sich mit einem konkreten Problem an die Online-Community, stellt Fragen und bittet um Ratschläge und Tipps. Deine Aufgabe besteht nun darin, eine Antwort für das Online-Forum zu formulieren. Achte darauf, wirklich auf alle Fragen des Bloggers/der Bloggerin einzugehen, da du sonst nicht die volle Punktzahl bekommst. Dein Text sollte zudem einen geeigneten Einleitungs- und Schlusssatz enthalten.

Mediation

„Writing Part 3“ besteht aus einer Sprachmittlungsaufgabe. Hier musst du zeigen, dass du die wichtigsten Informationen aus einem deutschen Text herausfiltern und sinngemäß ins Englische übertragen kannst. In der Regel bekommst du dazu zwei längere, deutsche Texte (z. B. Zeitungsartikel) zur Auswahl, von denen du aber nur einen bearbeiten musst. Meist enthält die Aufgabenstellung konkrete Vorgaben, welche Aspekte du genau beleuchten und wie viele Informationen du aus dem Text heraussuchen sollst. In der Arbeitsanweisung wird auch genannt, in welcher Weise du die Informationen auf Englisch wiedergeben sollst. Üblicherweise wird eine englische E-Mail oder ein englischer Artikel erwartet, in denen du zu dem deutschen Bericht Stellung nimmst. Das gibt dir einen gewissen sprachlichen Rahmen vor, da eine E-Mail z. B. immer Anrede- und Schlussformel beinhalten sollte, ein Artikel eine Überschrift sowie eine Art Basissatz. Bei der Mediation solltest du darüber hinaus stets dein anderssprachiges und aus einer anderen Kultur stammendes Zielpublikum im Hinterkopf behalten. Die deutschen Artikel, die du übertragen musst, werden oft ganz bewusst kulturelle Aspekte Deutschlands beleuchten, die du für deine Leserinnen und Leser entsprechend erklären musst.

3.4 Hilfreiche Wendungen

Auf Beiträge in einem Online-Forum antworten

Anrede	Hello …, / Hi …, *(auf die Anrede folgt trotz Komma ein Großbuchstabe)*
mögliche Einleitungssätze	I know (exactly) what you mean. I can imagine how you must be feeling. I also … / I … as well. I don't … either.
die eigene Meinung ausdrücken	In my opinion / view, … Personally, I (don't) think that … As for me, … I'm sure / convinced that … I'm not really sure whether … I doubt that …
Argumente gegeneinander abwägen	On the one hand, … On the other hand, …
Tipps/Ratschläge geben	If I were you, I'd … How about …? Why don't you …? Maybe you could … I think you should(n't) … It might be a good idea to … I'd suggest that you …
Verabschiedung	Best wishes, / All the best, / Hope that helps,

Formulierungshilfen für E-Mails und Briefe

Anrede/Begrüßung	Hello …,/Hi …,/Dear …, *(auf die Anrede folgt trotz Komma ein Großbuchstabe)* Thank you for … How are you?
Einleitung des Themas	In your last email you told me that … You wanted to know something about … Here is what I've found out: … I have some information about … for you. In Germany there are/is …
Schluss	That's all I can tell you so far. I hope, that helps. If you need any more information, please do not hesitate to contact me again.
Verabschiedung	I'm looking forward to hearing from you soon./I hope to hear from you soon. I'm looking forward to your answer. Best wishes, *(dein Name)* All the best, *(dein Name)*

Weitere Formulierungshilfen zur Strukturierung von Texten

einen Text einleiten	To begin with, … First of all, …
einen Text abschließen	To sum up, …/In summary, …/ All in all, … To conclude, …/In conclusion, …
Argumente aufzählen	Firstly, … Secondly, … Thirdly, … Finally, …
Argumente gegeneinander abwägen	On the one hand, … On the other hand, …
auf Widersprüche hinweisen/ etwas einräumen	but however yet although despite/in spite of in contrast to otherwise nevertheless
zusätzliche Aspekte anführen	In addition, … Moreover, … Furthermore, … Not only that, but … Another important point/aspect is …

Beispiele geben	for example / e. g. for instance like such as
etwas erklären	This means that ... A ... is sth that ... / sb who ... ... means ...
Gründe anführen	Due to ... Thanks to ... The reason for this is that ... because (of) as since therefore
auf die Folgen von etwas hinweisen	As a result, ... Consequently, ...
die eigene Meinung ausdrücken	In my opinion / view, ... Personally, I think / believe that ... To my mind, ... As far as I am concerned, ... As for me, ...
Zweifel / Sorge ausdrücken	I am not quite sure whether ... I doubt that ... I am concerned / worried that ...
Zustimmung ausdrücken	(Yes,) I think so, too. I agree with this statement. That is right / correct. I feel the same way.
Ablehnung ausdrücken	(No,) I do not think so. I do not agree. / I disagree. That is wrong / not correct.

3.5 Übungsaufgaben zum Bereich „Writing and Mediation“

Writing Test 1: Caber Tossing

- You have posted this photo.
- Your friend Carrie wants to know more.
- Answer her questions.
- Write 30–50 words.

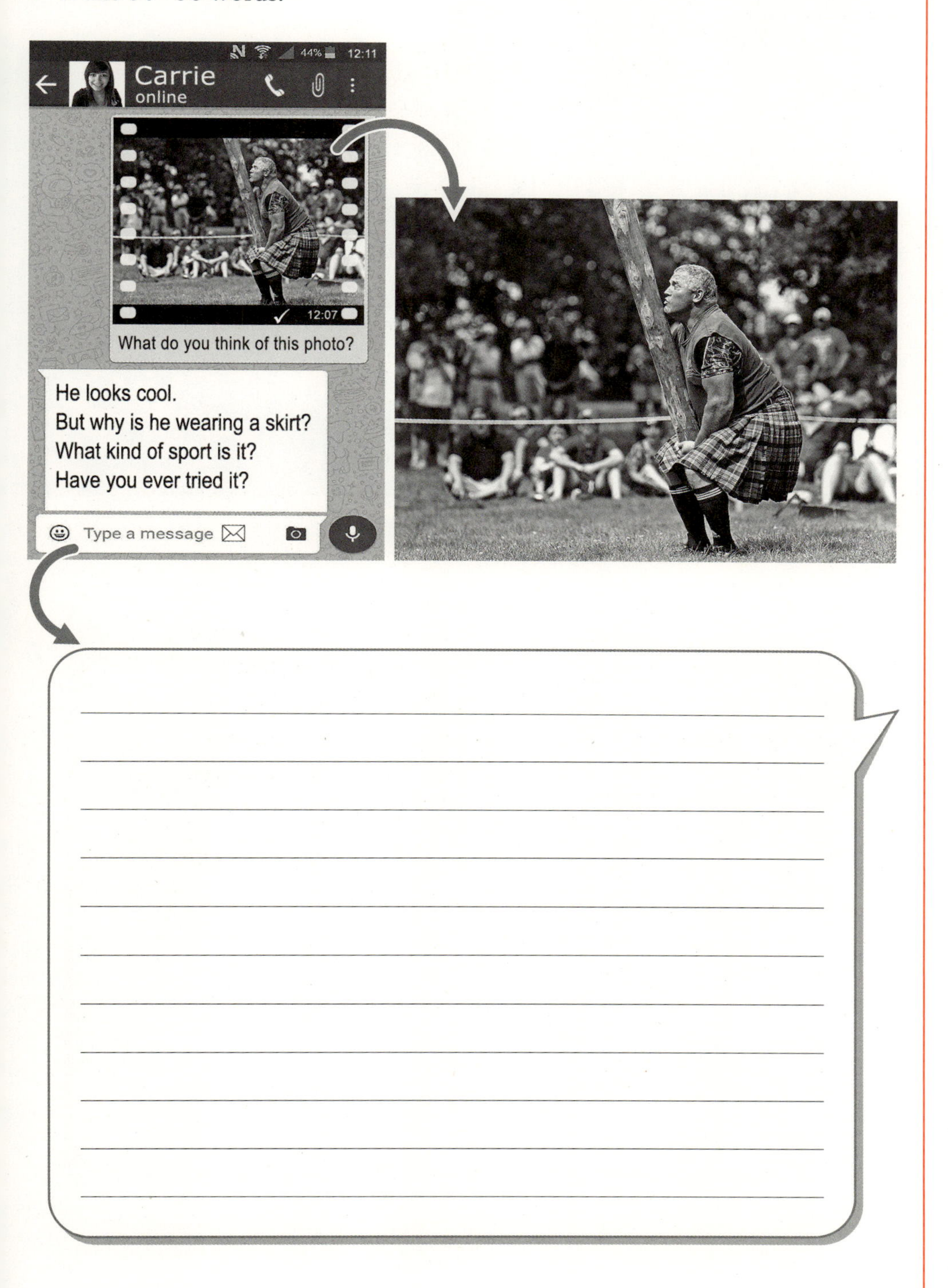

Writing Test 2: Shark Diving

- You have posted this photo.
- Your friend Kevin wants to know more.
- Answer his questions.
- Write 30–50 words.

Writing Test 3: Silent Disco

- You have posted this photo.
- Your friend Daniel wants to know more.
- Answer his questions.
- Write 30–50 words.

Writing Test 4: Taking Part in a Talent Show

You come across the following message in an online forum.
- Read what the blogger has written.
- Then write back, answering all of TrueFriend's questions.

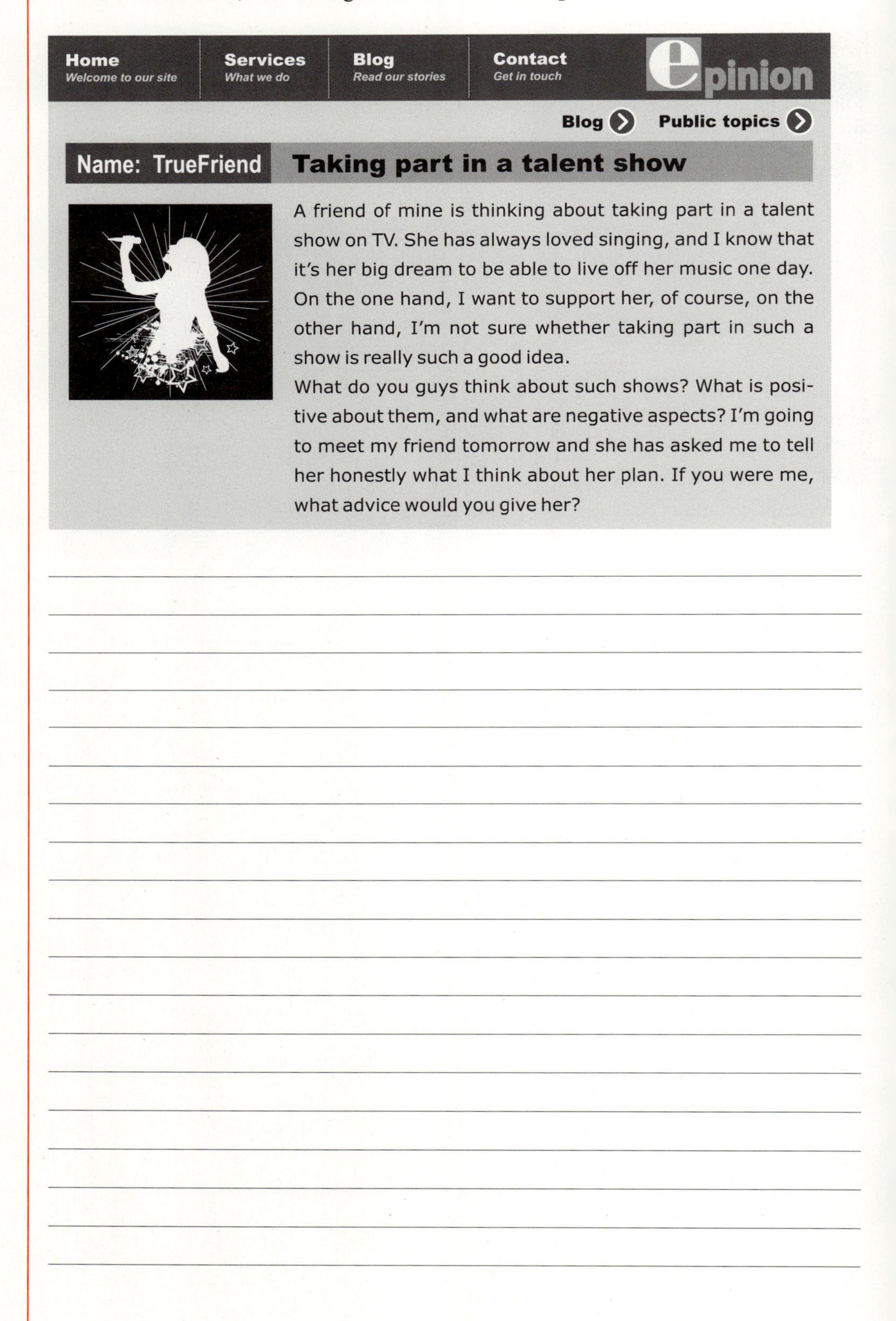

Name: TrueFriend

Taking part in a talent show

A friend of mine is thinking about taking part in a talent show on TV. She has always loved singing, and I know that it's her big dream to be able to live off her music one day. On the one hand, I want to support her, of course, on the other hand, I'm not sure whether taking part in such a show is really such a good idea.

What do you guys think about such shows? What is positive about them, and what are negative aspects? I'm going to meet my friend tomorrow and she has asked me to tell her honestly what I think about her plan. If you were me, what advice would you give her?

Writing Test 5: Tattoo

You come across the following message in an online forum.

- Read what the blogger has written.
- Then write back, answering all of CoolGuy's questions.

Home
Welcome to our site
Services
What we do
Blog
Read our stories
Contact
Get in touch
epinion

Blog
Public topics

Name: CoolGuy

Tattoo

I need your help: I'd really like to get a tattoo. Yesterday, I went to a studio that offers the kind of motifs I find really beautiful. However, they said they'd only tattoo me if I was 18 years old, or bring written permission from my parents. And Mum and Dad are strictly against it.

How about you guys, do you have a tattoo, or would you like to get one? Do you have any tips how I could convince my parents to sign the permission? Or do you think they're right and the tattoo is really not such a good idea?

Writing Test 6: Rail Adventure

You come across the following message in an online forum.

- Read what the blogger has written.
- Then write back, answering all of OnMyWay's questions.

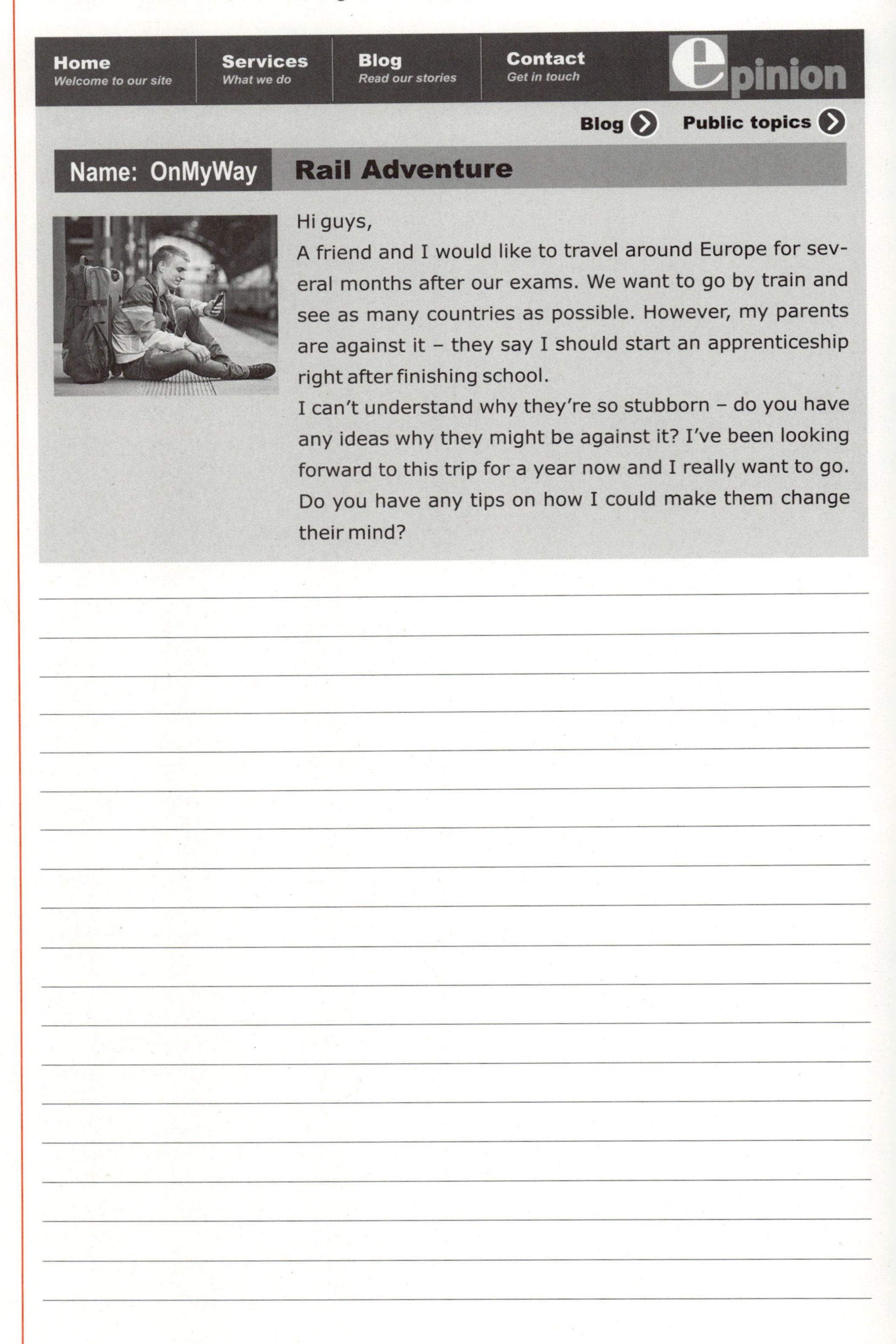

Home – Welcome to our site | Services – What we do | Blog – Read our stories | Contact – Get in touch | epinion

Blog › Public topics ›

Name: OnMyWay **Rail Adventure**

Hi guys,
A friend and I would like to travel around Europe for several months after our exams. We want to go by train and see as many countries as possible. However, my parents are against it – they say I should start an apprenticeship right after finishing school.
I can't understand why they're so stubborn – do you have any ideas why they might be against it? I've been looking forward to this trip for a year now and I really want to go. Do you have any tips on how I could make them change their mind?

Writing Test 7: Mediation – Karneval der Kulturen

You are taking part in an international youth project on festivals in European cities and want to write an article about the "Karneval der Kulturen" in Berlin. Describe

- the origin and message of the festival,
- when it takes place,
- what you can see and do there.

Use information from the following article.

Karneval der Kulturen

Der Karneval der Kulturen entwickelte sich sowohl vor dem Hintergrund der wachsenden Internationalität Berlins wie auch als Reaktion auf den zunehmenden Nationalismus und Rassismus in den 90er Jahren in Deutschland. Das Ziel des Karnevals war es, die Vielfalt der Stadt zu feiern und Räume für Minderheiten in der Öffentlichkeit zu schaffen. Der Karneval war eine klare Parteinahme für eine auf Inklusion aufgebaute Gesellschaft.

In mehr als zwanzig Jahren Karneval hat sich die politische Situation geändert, aber eine pluralistische Gesellschaft hat sich noch nicht durchgesetzt. Rassismus ist bis heute Alltag geblieben. Nicht nur wird die politische Landschaft Europas vom wiederauflebenden Rechtsradikalismus bedroht, die deutsche Gesellschaft scheint noch nicht in der Lage zu sein, die unterschiedlichen kulturellen Traditionen und ethnischen Herkünfte der Einwohner einander gleich zu stellen.

Begonnen hat die Tradition, die Vielschichtigkeit der Bevölkerung zu feiern, im Jahr 1996. Seitdem findet der Karneval jedes Jahr um die Pfingstzeit statt. Hauptschauplatz ist dabei Berlin-Kreuzberg, wo farbenprächtige Kostüme und Masken die Internationalität Berlins zur Schau stellen und die Hauptstadt sich ihren Besuchern von ihrer Schokoladenseite zeigt: als tolerant, offen und bunt.

Ein wichtiger Teil des Karnevals ist das Straßenfast auf dem Blücherplatz. Vier Tage lang kann man dort Waren aus aller Welt erwerben: Ob Kulinarisches oder Kunst, insgesamt fast 400 Stände bieten für jeden Geschmack etwas. Umrahmt wird alles von einer Vielfalt an musikalischen Angeboten auf zahlreichen Bühnen und einem bunten Programm für Kinder.

Den Höhepunkt der Feierlichkeiten bildet jedoch der große Festumzug am Pfingstsonntag, wenn etwa 4 700 Teilnehmer aus 80 unterschiedlichen Ländern durch die Straßen ziehen und ihre Vielfalt laut, bunt und ausgelassen tanzend feiern. Die Route des Umzugs führt vom Hermannplatz über Hasenheide, Gneisenaustraße, Yorckstraße und Möckernstraße. Die ausgefallensten Auftritte werden von einer Jury gekürt und von bis zu einer Million Zuschauern bewundert. Damit ist der Karneval der Kulturen eines der größten Open Air Ereignisse der Hauptstadt.

Quelle: http://www.karneval-berlin.de/de/ueberuns.198.html (Z.1-23); eigene Zusammenstellung (Z. 24 bis Ende)

Writing Test 8: Mediation – Hotel ohne Grenzen

Your friend Sally from New York is working on a project about the inclusion of handicapped people. She asked you to help her with some information about Berlin. You have just read the following article. Write her an email in which you tell her about

- the idea of the Hotel Grenzfall,
- when it was opened,
- how it is financed.

Hotel ohne Grenzen

4. August 2010

GESUNDBRUNNEN. Am 1. August hat hinter dem Mauerdokumentationszentrum in der Bernauer Straße ein Hotel aufgemacht, in dem überwiegend Menschen mit Behinderungen arbeiten.

Hotel Grenzfall steht an dem neuen Eingangsbereich vor dem früheren Altenpflegeheim in der Ackerstraße 136. Der Name passt natürlich bestens zur eingerissenen Mauer, die wenige Meter weiter in der Bernauer Straße Berlin zerschnitt. Doch vor allem soll mit dem Wort Grenzfall die Philosophie des Hauses beschrieben werden. „Bei uns fallen die Grenzen zwischen Behinderten und Menschen ohne Behinderungen“, sagt Hotelchef Reinhardt Burghardt von der gemeinnützigen Grenzfall GmbH, einer Tochter des Vereins Schrippenkirche, der sich seit über 128 Jahren um die Ärmsten und Schwächsten kümmert.

In dem Gebäudekomplex gibt es ein Wohnheim für geistig Behinderte. 48 Menschen leben hier. Das Grenzfall-Hotel ist in dem ehemaligen Altenpflegeheim auf der rechten Seite entstanden. Das Altenheim mit ehemals 55 Plätzen war nicht mehr rentabel; kleine Häuser haben auf dem Altenpflegemarkt kaum noch eine Chance.

Die Schrippenkirche hatte deshalb vor zwei Jahren die Idee, ein Integrationshotel in den Räumen zu errichten. Das Altenheim wurde für rund zwei Millionen Euro zum komplett barrierefreien Hotel umgebaut. Die Hilfsorganisation Aktion Mensch hat das Integrationsprojekt mit 250 000 Euro unterstützt. Es gibt 36 Doppelzimmer und zwei Tagungsräume. Die ehemalige Hausmeisterwohnung wurde zum Familien-Appartement mit zwei Schlafzimmern, Bad und großem Balkon ausgebaut.

Im Hotel Grenzfall, im dazugehörigen Restaurant Grenzfall und dem bereits im April eröffneten Bistro Grenzfall arbeiten rund 40 Menschen. Das Besondere: 25 davon sind behindert und bekommen hier die Chance auf einen ganz normalen Job „zu ordentlichen Tarifen“, wie Burghardt betont. Weil die gemeinnützige Hotel GmbH keine Gewinne erwirtschaften müsse, könne sie die Frauen und Männer als Zimmermädchen oder Küchenhilfen beschäftigen. Andere Hotels geben solche Arbeiten an Drittfirmen, um die Kosten erheblich zu drücken.

Vorbild für das Integrationshotel ist das Stadthaushotel Hamburg. Es war 1993 das
40 europaweit erste Hotel, das überwiegend Behinderte beschäftigt. Mittlerweile gibt es deutschlandweit über 30 Integrationsbetriebe der Hotellerie. Elf haben sich in dem Verbund Embrace-Hotels zusammengeschlossen, um Erfahrungen auszutauschen und die Begegnung zwischen Menschen mit und ohne Behinderung zu fördern. Auch das Berliner Grenzfall-Hotel engagiert sich in dem Verbund. Infos unter www.hotel-
45 grenzfall.de.

Quelle: Berliner Woche vom 4. August 2010

Writing Test 9: Mediation – Street-Art in Berlin

Your friend Sam from London is working on a project about graffiti. As Berlin is famous for its street art, he wants to know if you could help him with some information. Write an email in which you tell him about

- the beginnings of street art in Berlin,
- the situation in West and East Berlin,
- the development after the fall of the Berlin Wall.

Use information from the article "Street-Art in Berlin".

Street-Art in Berlin

Fast überall in Berlin kann man sie sehen: Street-Art bzw. Graffiti. Waren die auf Wände gesprayten Bilder bis vor nicht allzu langer Zeit weitgehend verpönt, so werden sie heutzutage immer beliebter und von der Gesellschaft zunehmend akzeptiert. Doch wie kamen die Graffiti nach Berlin?

Die Keimzelle der Street-Art war die New Yorker Hip-Hop-Szene der 70er Jahre des 20. Jahrhunderts. Es dauerte nicht lange, bis die Graffiti auch nach Europa kamen, und dort zuerst nach London und Amsterdam, wo die Street-Art von den Punks als künstlerische Ausdrucksform aufgegriffen wurde.

In den 1970er Jahren tauchten dann schließlich auch die ersten Wandbilder in West-Berlin auf. Auch hier waren es zuerst die Punks, aber auch andere Gruppen abseits des gesellschaftlichen Mainstreams, wie z. B. türkische Migranten, die sich durch Street-Art künstlerisch ausdrückten. Mit der Zeit entwickelten sich verschiedene Graffiti-Techniken und Street-Art-Stile. Die Künstler wollten über ihre Werke nicht selten auch politische Botschaften aussenden. Besonders deutlich wurde dies in den Graffiti auf der westlichen Seite der Berliner Mauer. Da es in West-Berlin lange Zeit noch zahlreiche Kriegsschäden gab, wurde die Street-Art sogar von der Politik, z. B. mit Wettbewerben, gefördert, weil Bombenlücken und Brandwände durch Graffiti kaschiert werden konnten. Aber auch in Ost-Berlin gab es Street-Art. So gestaltete in den 1980er-Jahren ein Künstler aus Nicaragua die Fassaden von Plattenbauten in Marzahn. Die künstlerische Freiheit in der DDR war jedoch stark eingeschränkt, da sich die Wandbilder am „Sozialistischen Realismus" zu orientieren hatten.

Nach dem Fall der Mauer im Jahr 1989 arbeiteten Street-Artisten aus West-Berlin mit Künstlern aus dem Ostteil der Stadt zusammen. Da nun auch viele Künstler aus aller Welt nach Berlin kamen und mit ihren Bildern z. B. die East Side Gallery, den größten erhaltenen Teil der Berliner Mauer, gestalteten, wurde Berlin zur internationalen Metropole der Street-Art. Im Jahr 2006 schließlich bekam die Stadt von der UNESCO sogar die Auszeichnung „City of Design" verliehen.

Nachdem Street-Art in den letzten Jahren nicht gern gesehen war und sogar strafrechtlich verfolgt wurde, scheint nun eine neue Hochphase dieser Kunst angebrochen zu sein. Manchmal werden Wandbilder, z. B. von Hausbesitzern, auch extra in Auftrag gegeben. Mit der zunehmenden Kommerzialisierung werden Graffiti mit politischen und kritischen Botschaften jedoch immer seltener.

Writing Test 10: Mediation – Opportunities Abroad

Your English-speaking friend Lilian is thinking about going abroad after finishing school. She is still unsure, though, what to do there. You have found two reports on the Internet which deal with opportunities abroad.

- Read the two reports on page 98.
- Choose one report.
- Explain in an e-mail to Lilian what the adolescent in the report did abroad. You should mention at least four aspects.
- Write complete sentences.

Du willst als Au-pair ins Ausland?

Ben (19) aus Berlin hat seinen Traum wahr gemacht und ist für ein Jahr als Au-pair nach Kanada gegangen:

„Ich mag Kinder einfach total gern und wollte mir nach dem Abschluss erst mal eine Pause von dem ganzen Lernstress gönnen. Im Internet bin ich auf die Seite www.aupair-host.org gestoßen und habe die Anzeige der Reynolds aus Vancouver gelesen – zwei kleine Kinder, ein Hund, ein Haus direkt am Fraser River, das klang einfach toll! Über die Plattform habe ich dann Kontakt zur Familie aufgenommen und die Chemie hat einfach sofort gestimmt! Einen Monat später habe ich meine Koffer gepackt und bin ab nach Vancouver."

Bens Fazit nach seinem Aufenthalt:

„Es war definitiv das schönste Jahr in meinem Leben. Meine Gastfamilie war einfach wahnsinnig nett und die beiden Kleinen (Sophie, 2, und Jayden, 5) sind mir total ans Herz gewachsen. Außerdem habe ich das Gefühl, wahnsinnig viel für das weitere Leben gelernt zu haben: Ich musste zum Beispiel auch mal kochen und andere Aufgaben im Haushalt erledigen (was ich von daheim nicht gewohnt war… ;-)). Und natürlich auf die Kinder aufpassen, Einkäufe erledigen, mich mit meinem Englisch durchschlagen und, und, und … Dazwischen konnte ich mir immer wieder einige Tage freinehmen, um die Provinz British Columbia besser kennenzulernen – der Sonnenaufgang auf Vancouver Island, die Seen in den Rocky Mountains – das alles sind Eindrücke, die ich bestimmt nie vergessen werde!"

Berlin School of Tourism

In unserer Berufsschule haben Sie die Möglichkeit, einen Abschluss als internationale/-r Touristikassistent/-in zu erwerben. Ein Teil Ihrer Ausbildung besteht aus einem sechsmonatigen Auslandspraktikum, das Ihnen erlaubt, Ihre Sprachkenntnisse und interkulturelle Kompetenz vor Ort zu trainieren.

Lesen Sie hier den Erfahrungsbericht von Lisa Müller über ihr Praktikum in Portugal:

Ich habe mir Portugal für mein Auslandspraktikum ausgesucht, weil mich das Land schon immer fasziniert hat. Ich bin schon vier Wochen vor Praktikumsbeginn nach Lissabon geflogen, um mir die Stadt anzusehen und einen Anfängerkurs in Portugiesisch zu belegen. Mein eigentliches Praktikum habe ich jedoch weiter südlich absolviert, in einem Hotel an der Algarve.

Am Anfang war es schon eine ziemliche Umstellung für mich: das frühe Aufstehen, die fremde Sprache … Gott sei Dank gewöhnt man sich recht schnell an den neuen Tagesablauf und mein Portugiesisch ist inzwischen auch ganz passabel!

Als Praktikantin darf man in alle Bereiche des Hotelbetriebs hineinschnuppern. Ganz am Anfang war ich vor allem im Restaurant eingesetzt; später durfte ich auch an der Rezeption arbeiten und die Animateure im Club-Bereich unterstützen. Gerade der unmittelbare Kontakt mit den Gästen macht einfach unheimlich Spaß. Dafür zu sorgen, dass sie sich rundum wohlfühlen und einen schönen Urlaub verbringen – toll!

Leider ist die Zeit viel zu schnell vorbeigegangen – ich weiß nun aber, dass mir vor allem die Unterhaltung und Animation der Gäste sehr liegt, und ich könnte mir gut vorstellen, nach der Ausbildung in diesem Bereich (z. B. auf einem Kreuzfahrtschiff) zu arbeiten.

4 Mündliche Prüfung

Es ist wichtig, sich in einer Fremdsprache nicht nur schriftlich, sondern auch mündlich sicher ausdrücken zu können. Deine Fähigkeit, dich korrekt und fließend in der englischen Sprache zu artikulieren, wird in diesem Teil der Prüfung getestet. Die mündliche Prüfung wird nicht zentral gestellt, sondern von der Schule, an der du die Prüfung zum Mittleren Schulabschluss bzw. zur eBBR ablegst. Als Brandenburger Schüler*in kannst du wählen, in welcher Fremdsprache du die mündliche Prüfung ablegen willst. In Berlin findet sie stets – wie die schriftliche Prüfung – in der ersten Fremdsprache statt.

4.1 Strategien zur Mündlichen Prüfung

Langfristige Vorbereitung

Will man in einer mündlichen Prüfung gut abschneiden, dann muss man **langfristig** und **nachhaltig** an der Sprechfertigkeit arbeiten. Übungsmöglichkeiten bietet dir der Englischunterricht. Nimm aktiv am Unterrichtsgeschehen teil, d. h., melde dich so oft wie möglich und sprich auf Englisch. So gewinnst du mit der Zeit Routine und wirst nach und nach gelassener. Wenn du dabei künftig auch noch die folgenden grundsätzlichen Tipps und Hinweise berücksichtigst, klappt das mit der Zeit sicherlich recht gut.

Tipp

- Sprich deutlich und nicht zu schnell.
- Frage nach, wenn du etwas nicht verstanden hast.
- Vermeide einfache, kurze Antworten wie *yes / no*. Mit solchen Antworten kannst du keine Gespräche in Gang halten und auch deine mündlichen Fähigkeiten nicht unter Beweis stellen.
- Lerne, Sachverhalte auf unterschiedliche Weise auszudrücken, damit du nicht ständig dieselben Formulierungen wiederholst.
- Versuche, die Unterhaltung selbst zu bestimmen, vor allem in Gruppendiskussionen. Auf diese Weise sprichst du über **deine** Themen, so hast du mehr zu sagen und bist selbstbewusster bei dem, was du sagst.

4.2 Die Mündliche Prüfung

Ablauf der Prüfung

- In Berlin werden meist zwei Schüler*innen gemeinsam geprüft, in Brandenburg bis zu vier Schüler*innen. Du musst dich also mit anderen auf Englisch unterhalten. Wer mit wem zusammenkommt, wird per Los entschieden. Du brauchst aber keine Angst zu haben, denn auch wenn deine Mitprüflinge vielleicht nicht so gut in Englisch sind, kannst du trotzdem die volle Punktzahl bekommen.

- Es sind immer zwei Lehrkräfte anwesend. Eine Lehrkraft führt das Prüfungsgespräch, die andere Lehrkraft sitzt dabei und hört genau zu.
- Das Prüfungsgespräch soll soweit wie möglich an ein „echtes“ Gespräch in der Fremdsprache erinnern. Deshalb hast du keine Zeit dich vorzubereiten, sondern musst spontan auf die Fragen und Situationen reagieren, die dir im Prüfungsgespräch begegnen.
- Bewertet werden neben der sprachlichen und inhaltlichen Richtigkeit deiner Aussagen auch deine Interaktionsfähigkeit, d. h., wie gut du auf deinen Mitprüfling bzw. deine Lehrkraft eingehen kannst.

Prüfungsteile

Die mündliche Prüfung besteht aus drei bis vier unterschiedlichen Teilen mit jeweils verschiedenen Aufgabenstellungen. In Brandenburg entfällt Teil 2 normalerweise. Jeder Prüfungsteil dauert etwa 3 Minuten. Insgesamt soll das Prüfungsgespräch je nach Anzahl der Prüflinge zwischen 15 und 20 Minuten dauern.

- Teil 1: **Einführendes Gespräch**
  Die Prüfung beginnt mit einem kurzen Gespräch, in dem du auf allgemeine Fragen zu deiner Person antworten sollst. Mögliche Fragen könnten sein:
  - What's your name? *(Wie heißt du?)*
  - Could you spell your name, please? *(Könntest du deinen Namen bitte buchstabieren?)*
  - When is your birthday? *(Wann hast du Geburtstag?)*
  - Have you got any brothers or sisters? *(Hast du Geschwister?)*
  - What's your favourite spare time activity?
    (Was machst du in deiner Freizeit am liebsten?)
- Teil 2: **Vorschläge machen/Etwas aushandeln**
  Hier wird dir und deinem Mitschüler/deiner Mitschülerin eine bestimmte Situation vorgegeben. Als Illustration der Situation bekommt ihr verschiedene Bilder vorgelegt. Ihr sollt nun über die Situation diskutieren und eine Entscheidung herbeiführen. Wichtig ist, dass ihr Englisch sprecht. Kleinere Grammatikfehler sind nicht so gravierend. Ihr könnt dann trotzdem immer noch die volle Punktzahl erhalten.
- Teil 3: **Bildbeschreibung**
  Hier wird dir und deinem Partner/deiner Partnerin nacheinander ein unterschiedliches Bild zu einem Thema vorgelegt. Ihr sollt euch die Bilder gegenseitig beschreiben.
- Teil 4: **Diskussion**
  Im Anschluss an diese Beschreibung sollt ihr über das in den Bildern vorgegebene Thema ein Gespräch führen bzw. darüber diskutieren. Wichtig ist, dass ihr jeweils auf die Äußerungen des/der anderen eingeht und dass ein echter Dialog entsteht. Dafür eignen sich z. B. Rückfragen an den Partner/die Partnerin gut.

4.3 Hilfreiche Wendungen

Die eigene Meinung ausdrücken *(Expressing an opinion)*

I would prefer ... *Ich würde lieber ...*	↔	I would prefer not to ... *Ich würde lieber nicht ...*
I would like ... *Ich würde/möchte gern ...*	↔	I don't like / I dislike ... *Ich mag ... nicht.*
I think / believe / expect / imagine / suppose (that) ... *Ich glaube, (dass) ...*	↔	I don't think / believe / expect / imagine / suppose (that) ... *Ich glaube nicht, (dass) ...*
I doubt (that) ... *Ich bezweifle, (dass) ...*	↔	I don't doubt (that) ... *Ich bezweifle nicht, (dass) ...*
I'm for ... *Ich bin für .../dafür, (dass) ...*	↔	I'm against ... *Ich bin gegen .../dagegen, (dass) ...*
I would ... *Ich würde ...*	↔	I wouldn't ... *Ich würde nicht ...*
I'm sure / certain ... *Ich bin sicher ...*	↔	I'm not sure / certain ... *Ich bin nicht sicher ...*
In my opinion, ... *Meiner Meinung nach ...*	↔	That's not my opinion. *Das ist nicht meine Meinung.*

Andere nach ihrer Meinung fragen *(Asking other people for an opinion)*

What's your opinion / view / reaction (about / on / to) ...?	*Was ist deine Meinung zu ...? / Was denkst du über ...?*
How do you view the situation? / How do you see this?	*Wie siehst du die Situation? / Wie siehst du das?*
Could you explain something / your ideas / your feelings to me?	*Könntest du mir etwas / deine Vorstellungen / deine Gefühle erklären?*
What would you say about ...?	*Was würdest du über / zum Thema ... sagen?*
How do you (personally) feel about ...?	*Was hältst du (persönlich) von ...?*
(stark) What about (no smoking in public places)? Do you think that's right?	*Was denkst du über (das Rauchverbot in der Öffentlichkeit)? Glaubst du, dass das richtig / in Ordnung ist?*
(stark, eine Antwort fordernd) I don't suppose you'll / you would agree, will you / would you?	*Du wirst sicher nicht zustimmen, oder?*

Du kannst auch Fragen mit Verneinungen stellen, um deinen Gesprächspartner zu einer Meinungsäußerung zu bringen:

Don't you think that ...?	*Glaubst du nicht, dass ...?*
Wouldn't you like to ...?	*Würdest du nicht gerne ...?*
Shouldn't we ...?	*Sollten wir nicht ...?*

Zustimmen und widersprechen *(Agreeing and disagreeing)*

I agree (with you). *Ich bin deiner Meinung.*	↔	(I'm sorry but) I disagree (with you). *Ich bin nicht deiner Meinung.*
Yes, of course. *Ja, natürlich.*	↔	No, not at all. *Nein, ganz und gar nicht.*
That's a good idea. *Das ist ein guter Vorschlag/eine gute Idee.*	↔	Excuse me but I think that's a bad idea. *Das ist kein guter Vorschlag/keine gute Idee.*
I'm for that. *Ich bin dafür.*	↔	(I'm afraid) I'm against that. *Ich bin dagegen.*
You're right (about .../to say that ...). *Du hast recht (mit .../wenn du sagst, dass ...).*	↔	(I'm sorry, but) you're wrong (about .../to say that ...). *Das stimmt nicht./Es stimmt nicht, wenn du sagst, dass ...*

Wenn du entsprechende Adverbien vor „right“, „wrong“ und „understand“ stellst, wird deine Antwort sehr deutlich.

You are absolutely right. *Du hast völlig recht.*	↔	You are totally wrong. *Du liegst völlig falsch.*
You fully understand. *Du verstehst vollkommen.*	↔	I think you don't understand (the problem) at all. *Ich glaube, du verstehst (das Problem) überhaupt nicht.*

Wenn du dir mit deiner Meinung nicht sicher bist, verwende Ausdrücke wie:

I'm not sure/certain.	*Ich bin mir nicht sicher.*

Jemanden unterbrechen *(Interrupting someone)*

Can I ask you something?	*Kann ich dich etwas fragen?*
Can/May I (just) say something, please?	*Kann ich bitte etwas sagen?*
Excuse me, but ...	*Entschuldigung, aber ...*
I don't wish/to interrupt you but .../ I'm sorry to stop you but ...	*Ich möchte dich nicht unterbrechen, aber .../Ich unterbreche dich ungern, aber ...*
I'm sorry, I don't agree with ...	*Ich bin anderer Meinung (als) ...*
I'm sorry, that's not right/fair.	*Das ist nicht richtig/fair.*
I'm sorry, but (I'd just like to say) ...	*Es tut mir leid, aber (ich möchte gerne sagen, dass) ...*

Manchmal möchtest du jemanden unterbrechen, weil du eine klare Meinung zu dem hast, was gesagt worden ist. Die „Nettigkeiten“ werden dann meist weggelassen und die Ausdrucksweise ist sehr viel direkter. Denke aber daran, dass du nicht zu emo-

tional oder wütend werden darfst, denn sonst besteht die Gefahr, dass du die Kontrolle über deine Äußerungen verlierst und dann vielleicht Fehler machst, die dir sonst nicht unterlaufen würden.

(*stark*) You're wrong there.	*Du hast nicht recht. / Da hast du mit Sicherheit nicht recht.*
I don't think you're right. / That's not right.	*Ich glaube nicht, dass du recht hast.*
(*wütend*) Oh, come on! You don't really believe that.	*Das glaubst du doch selber nicht.*
How can you say that?	*Wie kannst du das sagen?*

Darum bitten, dass etwas wiederholt wird *(Asking for something to be repeated)*

Excuse me, could you say that again, please?	*Kannst du das bitte noch einmal sagen?*
Sorry, can you repeat that please? / Could you please repeat what you said about ...?	*Kannst du das bitte wiederholen?/ Kannst du bitte wiederholen, was du über ... gesagt hast?*
I'm sorry / I'm afraid I didn't quite hear / catch / understand what you said. Could you say it again, please?	*Es tut mir leid, aber ich habe nicht genau gehört/verstanden, was du gesagt hast. Kannst du es bitte noch einmal sagen?*
I'm sorry / I'm afraid, I missed / forgot what you were saying (about ...). Could you explain it again / once more, please?	*Leider habe ich nicht verstanden/vergessen, was du (über ...) gesagt hast. Könntest du mir das bitte noch einmal erklären?*
I'm sorry / I'm afraid, you were talking a bit too fast for me. – Could you say it again more slowly, please? / Would you mind repeating what you said, please?	*Es tut mir leid, du hast für mich etwas zu schnell gesprochen. Könntest du das bitte etwas langsamer wiederholen?/Das war leider ein wenig zu schnell für mich. Könntest du bitte wiederholen, was du gesagt hast?*

Ein bereits behandeltes Thema aufgreifen *(Returning to an earlier topic)*

You said earlier ...	*Du hast vorhin gesagt ...*
You mentioned / talked about ...	*Du hast ... erwähnt.*
A few minutes ago you said ...	*Vor ein paar Minuten hast du gesagt ...*
As you said before ...	*Wie du vorhin / schon gesagt hast, ...*
Can we go back to ... for a minute?	*Können wir noch einmal auf ... zurückkommen?*

Das Thema wechseln *(Changing the subject)*

We've talked a lot about ... Could we look at ... now?	*Wir haben viel über ... geredet. Könnten wir jetzt über ... sprechen?*
Can we move on and talk about ...?	*Können wir weitergehen und über ... reden?*
We should really talk about ... too.	*Wir sollten wirklich auch über ... reden.*
That's what I think about (tennis). But what about (football)? What do you think about it?	*So denke ich über (Tennis). Aber was meinst du zu (Fußball)?*
Can we talk about ... now?	*Können wir jetzt über ... sprechen?*
Perhaps we should also talk about ...	*Vielleicht sollten wir ... besprechen.*
Can / May I say something at this point?	*Kann ich an dieser Stelle etwas sagen?*

Andere zum Reden bringen *(Making people talk)*

Direkte Fragen mit Fragewörtern, wie z. B. „what", „where", „when", „who", „which", „how":

What do you think, (Anne)?	*Was meinst du, (Anne)?*

Entscheidungsfragen (Fragen ohne Fragewort):

Are you interested in ...?	*Interessierst du dich für ...?*

Bestätigungsfragen:

The weather is terrible today, isn't it?	*Das Wetter ist schrecklich heute, oder?*

Tipp

Ausdrücke wie *Well, ...; Actually, I think ...; I guess ...; Let me see ...* etc. sind hervorragende Pausenfüller. Verwende sie, wenn du einen Augenblick Zeit brauchst, um zu überlegen, was du als Nächstes sagen möchtest.

4.4 Übungsaufgaben zur Mündlichen Prüfung

Prüfungsteil 2

1. TEACHER: I'm going to say some words about these pictures. Next year we will have a new school café. We have a wall where a large picture or something else, about 2.5 metres high and 2 metres wide, can hang. Some of our students have put forward their ideas. I want you to decide what would look best. If you have other ideas you may talk about these, too.

2. TEACHER: After our summer fête last year the school raised € 2,500 to give to a charity. Which charity do you think we should give it to? Here are some we have selected, but of course you may have other ideas too. Discuss carefully the reasons for or against each charity and try to come to a decision about what to do with the money.

3. TEACHER: We want to put a time capsule in the ground under our new building before the builders start working. It's a small box with an object in it that says something about how we live today for people to find in a few centuries' time – or even thousands of years' time. Can you come to a decision about what to include? Here are some suggestions but you may have other ideas, too. Think carefully about the aim and decide which is the best object to put in the capsule and why.

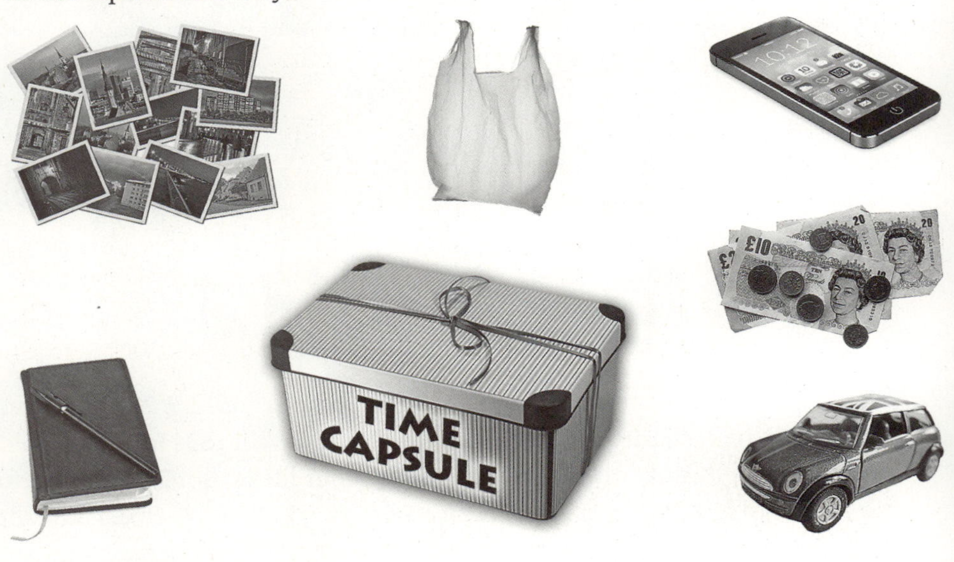

Prüfungsteile 3 und 4

Hier legt man dir und deinem Mitschüler/deiner Mitschülerin jeweils ein Bild zu einem gemeinsamen Thema vor. Du musst zunächst beschreiben, was du auf deinem Bild siehst, und dann ein paar persönliche Gedanken äußern. Danach beschreibt dein Mitschüler/deine Mitschülerin sein bzw. ihr Bild. Einer von euch ist „Candidate A" und der andere ist „Candidate B".

4. TEACHER: Now I'm going to give each of you a photograph of people spending their holidays in different ways. Candidate A, here is your photograph. Would you show it to candidate B and talk about it? Candidate B, you just listen to Candidate A. I'll give you your photo in a moment. Candidate A, please tell us what you can see in your photo.

Photo – Candidate A

Photo – Candidate B

TEACHER: Your photographs show people spending their holidays in different ways. Now I'd like you to talk together about your favourite holidays and about the kind of holidays you don't like.

5. TEACHER: People spend their free time doing different things. Here are two photographs which show this. Candidate A, this is your photograph. Show it to Candidate B and talk about it. Candidate B, you can listen first and then it is your turn to show your picture and speak.

Photo – Candidate A

Photo – Candidate B

TEACHER: In the photographs you can see how some people spend their free time. Many families enjoy doing things together. I'd like you to talk about your free time and the things you enjoy doing. You might like to tell stories about the things you enjoyed doing with your family as a young child.

6. TEACHER: People all over the world live in different environments. I've got two photographs which show different environments. This is your photograph, Candidate A. Could you first show it to Candidate B and then talk about it? Candidate B, you can listen and then it will be your turn to show your picture and speak.

Photo – Candidate A

Photo – Candidate B

TEACHER: Could you now talk together about the environment in which you live and where you would ideally like to live? What advantages and disadvantages can you see of living in different environments, for example the city or the countryside?

Original-Prüfungsaufgaben MSA und eBBR

Schriftliche Prüfung zum MSA und zur eBBR
Berlin/Brandenburg Englisch 2019

Listening Part 1: Voicemail Messages

- You are going to hear four people reacting to pictures which were sent in an online chat.
- Look at the pictures and then listen to each message.
- Decide which picture each speaker reacts to and put a tick (✓) in the right box.
- You will hear the recording twice.

Message One

1. Which picture does the speaker react to?

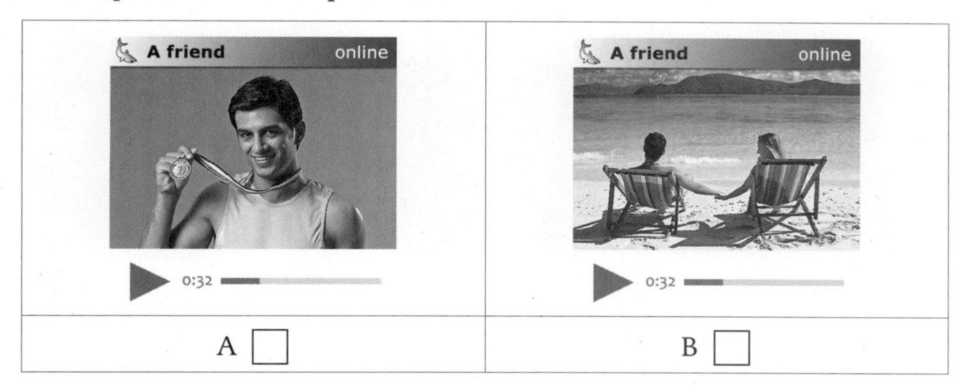

A ☐ B ☐

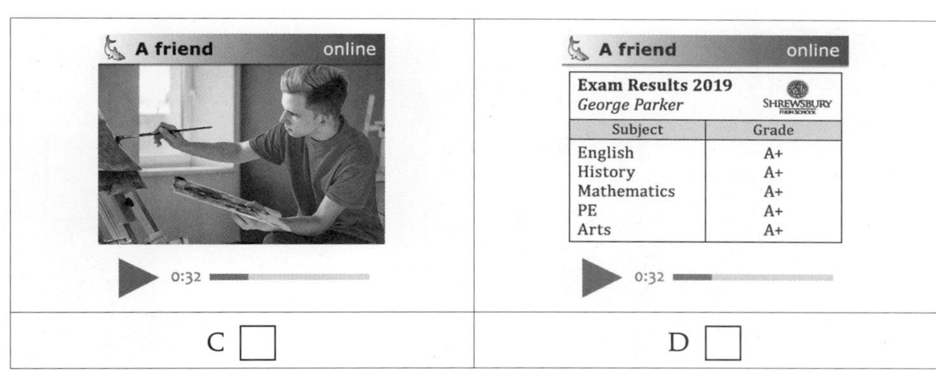

Exam Results 2019
George Parker
SHREWSBURY

Subject	Grade
English	A+
History	A+
Mathematics	A+
PE	A+
Arts	A+

C ☐ D ☐

Message Two

2. Which picture does the speaker react to?

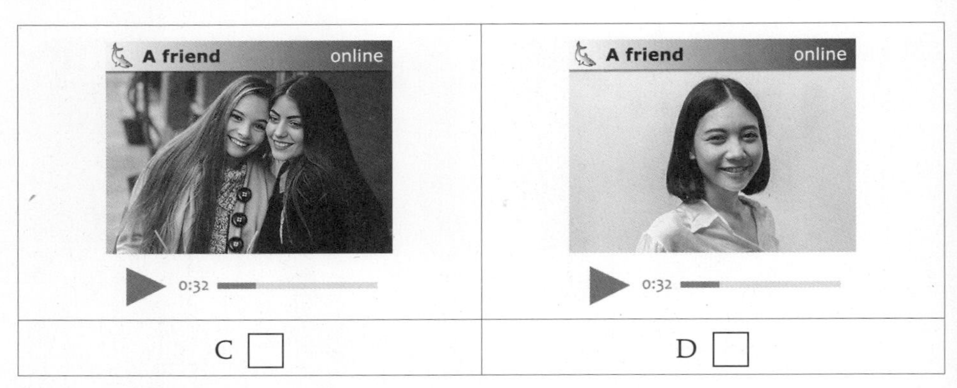

Message Three

*3. Which picture does the speaker react to?

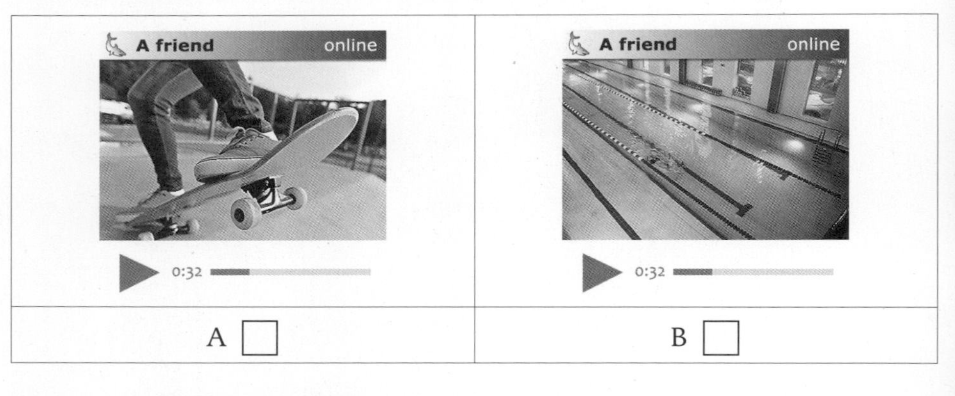

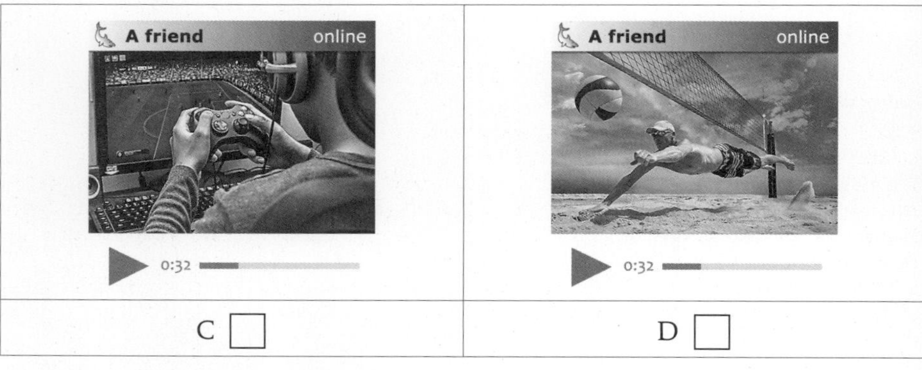

Message Four

4. Which picture does the speaker react to?

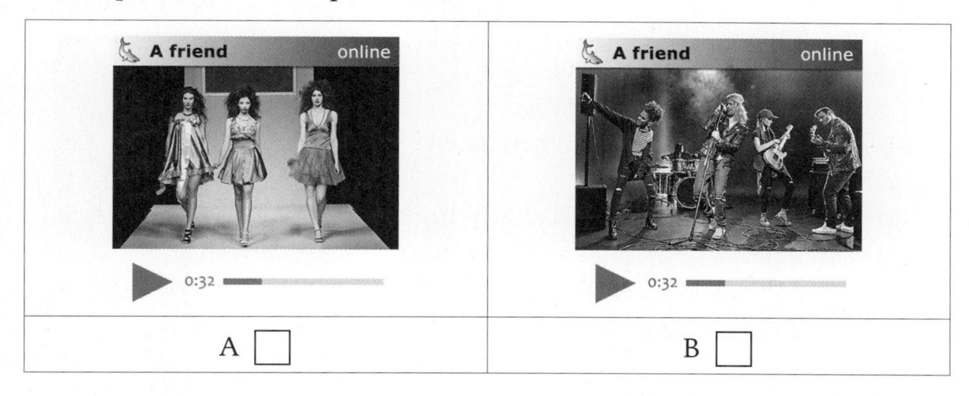

A ☐ B ☐

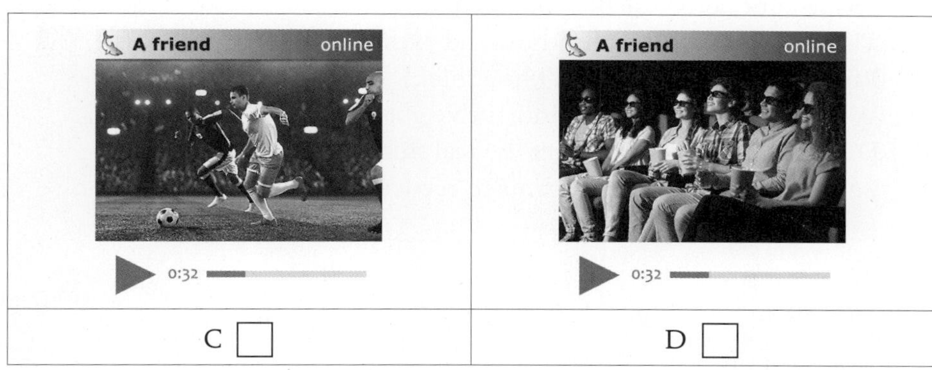

C ☐ D ☐

Bildnachweis:

S. 2019-1: Medaillengewinner © India Picture / Shutterstock.com; Strand © haveseen. Shutterstock; Künstler © Standret. Shutterstock; Zeugnis © Redaktion
S. 2019-2: Mädchen mit Pferdeschwanz © Paulus Rusyanto | Dreamstime.com; Mädchen mit Locken © asife.123rf.com; zwei Mädchen © Maria Evseyeva / Shutterstock.com; Mädchen mit kinnlangem Haar © Gengwit Wattakawigran. Shutterstock; Skateboarder © lzflzf.123rf.com; Hallenbad © Parilov. Shutterstock; Playstation © amirraizat. Shutterstock; Beachvolleyballer © Andrey Yurlov / Shutterstock.com
S. 2019-3: Modenschau © dotshock.123rf.com; Rockkonzert © lightfieldstudios.123rf.com; Fußballspiel © Vasyl Shulga. Shutterstock; Kino © wavebreakmedia. Shutterstock

Listening Part 2: Radio Ads

Please note: You do not need to understand every word to do this task.

- You are going to hear four radio ads.
- You will hear the recording twice.
- Read the slogans below first, then listen to the recording.

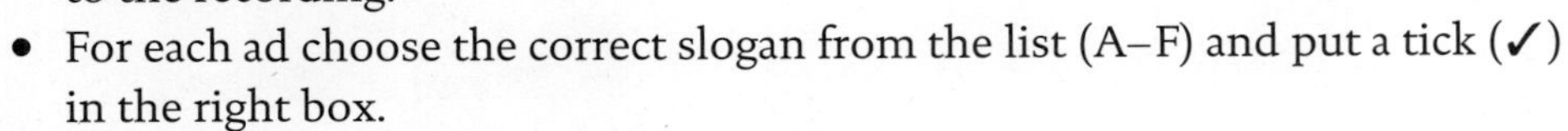

- For each ad choose the correct slogan from the list (A–F) and put a tick (✓) in the right box.

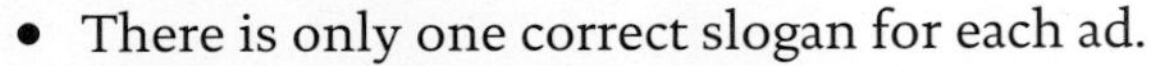

- There is only one correct slogan for each ad.
- Two slogans can't be matched.

A Shape your body – shape your future.
B These gadgets are worth a thousand eyes.
C Pay for what you get – don't be a thief.
D Whatever you've got in mind, we've got inside.
E Don't support cheating – get the real thing.
F Be responsible – take your time to recover from an injury.

		Slogan					
	Radio Ads	**A**	**B**	**C**	**D**	**E**	**F**
5.	Radio Ad 1						
*6.	Radio Ad 2						
*7.	Radio Ad 3						
8.	Radio Ad 4						

Listening Part 3: Cheap Ways to Travel

- You are going to hear three people talking about cheap ways to travel.
- You will hear the recording twice.
- Complete the table below. Use 1 to 5 words or numbers for each answer.

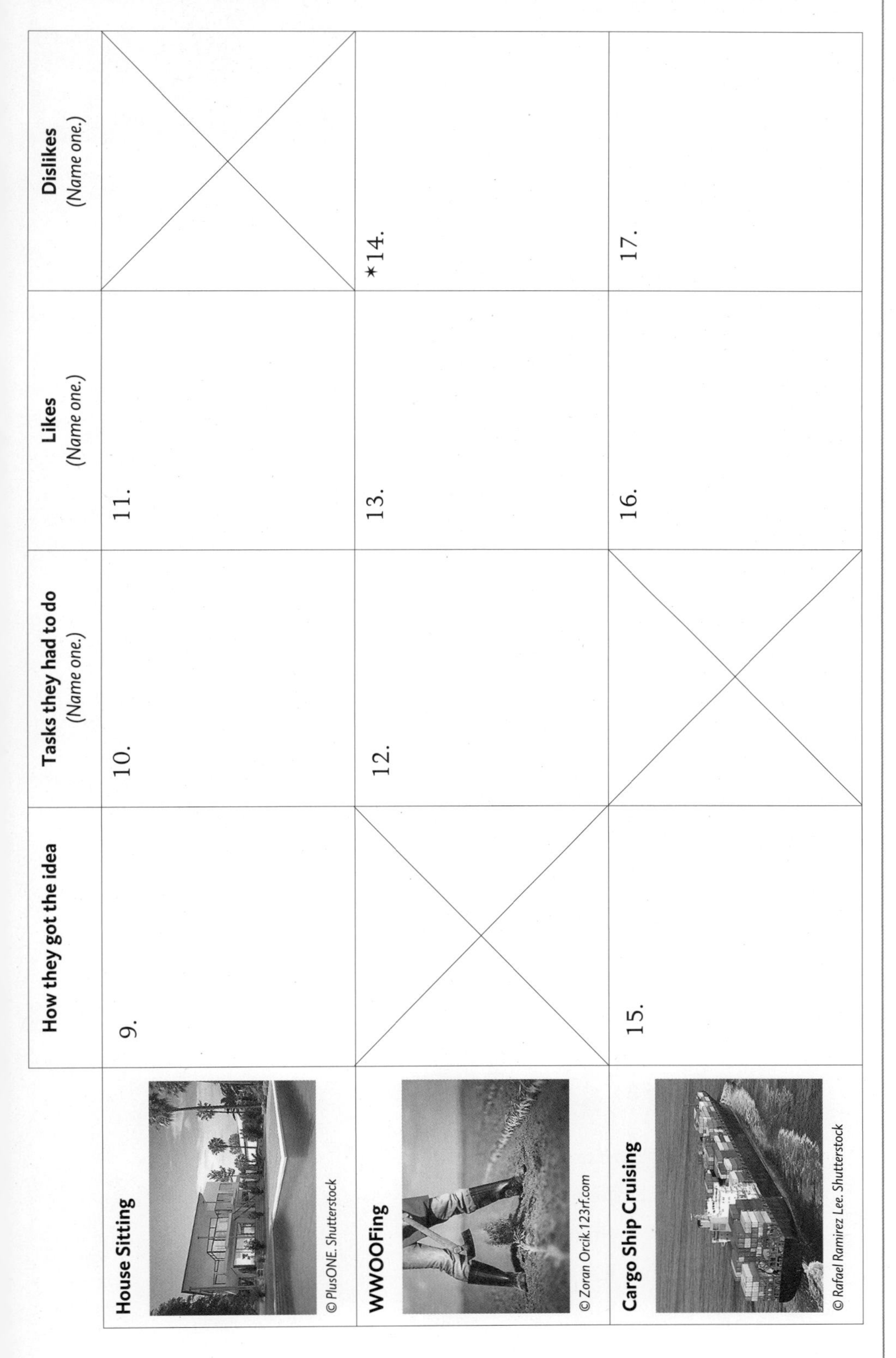

	How they got the idea	**Tasks they had to do** *(Name one.)*	**Likes** *(Name one.)*	**Dislikes** *(Name one.)*
House Sitting © PlusONE. Shutterstock	9.	10.	11.	
WWOOFing © Zoran Orcik.123rf.com		12.	13.	*14.
Cargo Ship Cruising © Rafael Ramirez Lee. Shutterstock	15.		16.	17.

Listening Part 4: Space Travel

© Andrey Armyagov. Shutterstock

- You are going to hear a radio programme.
- There are three speakers: Jenny Robinson (the host), Tony Lehane (a rocket scientist) and Marion Porter (a student).
- You will hear the recording twice.
- Read the statements below first, then listen to the recording.
- Put a tick (✓) in the box next to the correct statement.
- Only one statement is correct in each case.

18. Before the guests are introduced, we hear …
    - A ☐ a news report.
    - B ☐ a company commercial.
    - C ☐ flight safety instructions.

19. Marion would like to be an astronaut because …
    - A ☐ it has always been her dream.
    - B ☐ she wants to be the first woman on the Moon.
    - C ☐ she wants to follow in her parents' footsteps.

*20. Marion thinks that space tourism …
    - A ☐ is a waste of money.
    - B ☐ needs more research.
    - C ☐ will become a reality.

*21. Tony has booked a trip to space because …
    - A ☐ he wants to explore new territory.
    - B ☐ he needs to check the safety features on board.
    - C ☐ he wants to promote spaceflights on social media.

*22. According to Tony space travel …
    - A ☐ is expensive at present.
    - B ☐ will increase in the future.
    - C ☐ both A + B

*23. The preparation course focuses on how …
    - A ☐ to operate the equipment on board.
    - B ☐ to behave when weightless.
    - C ☐ to cope with fear of flying.

*24. To make space tourism more environmentally friendly, Tony says his company …
A ☐ aims to improve their technology.
B ☐ will offer a limited number of flights.
C ☐ donates money to environmental projects.

*25. The "overview effect" is …
A ☐ the superior mental state that astronauts may feel when in space.
B ☐ the point of view used in photography to make the Earth look beautiful.
C ☐ the motivational kick we need to save humanity from extinction.

Listening: Candidate Answer Sheet Name: ____________

Answer sheet

For students: Put a tick (✓) in the correct box.

Part 1: Voicemail Messages

Number	A	B	C	D
1				
2				
*3				
4				

/4 P

Part 2: Radio Ads

		Slogan					
Number	Radio Ads	A	B	C	D	E	F
5	Radio Ad 1						
*6	Radio Ad 2						
*7	Radio Ad 3						
8	Radio Ad 4						

/4 P

Part 3: Cheap Ways to Travel

Die Ergebnisse müssen nicht übertragen werden. (***14**)

/9 P

Part 4: Space Travel

Number	A	B	C
18			
19			
*20			
*21			
*22			
*23			
*24			
*25			

/8 P

/25 P

Reading Part 1: What to Do in and around Cape Town (South Africa)

- These people (a–e) are looking for something to do in and around Cape Town.
- First read the information about the people, then look at the descriptions of things to do (A–G) on pages 9 and 10.
- In each case find the **two** activities the people would do. Write the letters of the activities in the boxes next to the people's names.
- Some of the activities can be chosen more than once.

No.	Activity 1	Activity 2	The people	
1/2				a) Oh boy – can you imagine sitting in a tiny cell with a killer circling around you? **Hiyam** can. In fact, she has always wondered how it would feel to be just metres away from these dangerous creatures. Besides enjoying a good thrill, she's also into painting. She likes to see the works of others. A short stroll in the neighbourhood where some local resident shows her around would be a nice way to end the day.
3/4				b) Twenty years ago **Connor** worked for a non-governmental organization in Cape Town. Now he is here as a tourist for a week and wants to see how the housing situation in the city has changed. Besides, he would like to bring back the memories of the tastes and sounds he once enjoyed so much. Combining this with getting to know real Cape Towners would be the icing on the cake.
5/6				c) Everything **Romina** knows about South African history she learned at school. Now she wants to see with her own eyes how the living conditions in Cape Town have improved over time. She also cares for ecological topics and would like to join a tour which shows her the diversity of South Africa's animal kingdom.
7/8				d) Exploring the area has to come with a physical challenge for **Joan**. So she is looking for a guided trip in the countryside she could do with her best friend. The next day she would like to learn more about the darkest chapter of Apartheid South Africa – how life must have been for the people who were oppressed and locked up in jail.
9/10				e) **Eli** has read all about the "king of the animals", his majestic attitude and his dominance over other species, all of which he wants to see on a tour. Another thing he likes is experiencing visual art – something that has left an imprint on the neighbourhood. Let it be spontaneous and Eli is in.

A) Street Art Walking Tour

One of Cape Town's oldest suburbs, Woodstock, has undergone a dramatic transformation in recent years from a run-down town filled with litter, crime and drugs to becoming a hip neighbourhood with trendy restaurants, offices and boutiques. A guide who lives in this district will take you on an art walking tour where you will experience what 40 national and international artists have contributed to the community to make it more attractive for investors. Find out about the background stories of more than 100 murals and installations portraying political, educational and ecological topics.
Duration: 1.5–2 hours; advance booking is not necessary

B) Robben Island Museum

A symbol both of centuries of cruel oppression and the triumph of hope, Robben Island has become synonymous with the former leader of the free and democratic South Africa, Nelson Rolihlahla Mandela, who spent 18 years in its maximum security prison. For nearly 400 years the island served as a place of banishment – not just for supposed criminals but also for many other unwanted members of society. Especially Mandela's claustrophobic cell in the prison is a harrowing reminder of the injustices carried out during the apartheid era, and of the final defeat of the regime.
Opening hours: 7.30 a.m.–7 p.m. daily; closed 1 May; book in advance

C) Township Cultural Tour

Journey through the three South Africas: The birth – where it all started, Apartheid South Africa – a dark time of oppression, and, the New South Africa – what has changed since Nelson Mandela was freed from prison. The full day tour provides the extraordinary chance to connect, mingle and share cultural principles with the local community. Visit several townships across Cape Town and learn how life has improved there over time. Look into everyday life in a shack, see how proper house development projects have transformed poor areas to the better or visit local markets and buy some gemstones and handcrafted jewellery.

D) White Shark Cage Diving

The great white shark is notorious for being a marine killer. However, these fascinating creatures are often misunderstood and do not actively seek out human prey. On this tour you can get face to ragged face with this dreaded "king of the seas" and learn about their importance for our ecosystem. You don't need a dive certification as the cage that separates you from the great white rests only a few metres below the surface of the water. Get ready for the marine encounter of a lifetime.
Duration: 11 hours; minimum number of participants: 4 guests; book in advance

E) **Cycle and Wineland Adventure**

This is a perfect way to combine some physical activity with seeing the sights around the Cape Peninsula. Enjoy a cycle through the unique vegetation of the Cape Point Nature Reserve, visit the breeding colony of rare African Penguins at Boulders Beach and relax at a scenic picnic lunch. We guide you on the lower slopes offering fantastic panoramic views. This adventure is suitable for experienced cyclists only. Before returning to Cape Town, you tour the historic Constantia Winelands with wine tasting sessions at two premier estates.

F) **Wildlife Safari Tour**

This fantastic tour is worth an early start. We head up the N1 Highway, through the incredible Hex River Valley and arrive at the Aquila Private Game Reserve. The diverse environment of the reserve is heaven to passionate wildlife watchers and birders. Giraffes, zebras, lions, rhinos, springboks, just to name a few, as well as 172 species of birds, including the Black Eagle, are found on the reserve. A well informed ranger will lead you on a game drive. A delicious lunch at the lodge rounds off this unique experience.

G) **Cape Town Jazz Safari**

Cape Town is an incredibly musical city, which is due to its history and the diversity of people, cultures and sounds that have ended up here. On four nights you are going to visit different local jazz musicians in their homes. There you will spend a musical evening with freshly prepared delicacies of the Cape and talk to the musicians first-hand. Later at night you can witness them perform on stage in their clubs. This is an excellent way to discover more about Cape Town and the lives of the people who live in it – through the music.
Duration: 4 hours (approx. 7 p.m. – 11 p.m.), Mondays, Wednesdays, Fridays & Saturdays

Reading Part 2: Short Texts

- Look at the text and the statements in each task.
- What does the text say?
- Put a tick (✓) next to the statement that matches the text – **A**, **B**, **C** or **D**.
- There is only one correct statement for each sign.

11.

Dear Customers
Lixie will
be closed
Sat 22 Aug.
It's my little
brother's wedding.
See you all on
Mon 24 Aug.
12 pm

xoxo Lixie
Chocolaterie

The shop will be closed because of …

A ☐ a private event.
B ☐ repair work.
C ☐ a public holiday.
D ☐ health problems.

*12. *Aus lizenzrechtlichen Gründen kann diese Aufgabe nicht abgedruckt werden.*

13.

Morning, Kids!

Mom + Dad are *sleeping* in this morning!

DO NOT knock and wake us up before 10 AM

unless there is a REAL EMERGENCY!!

To answer your questions:
- You can have cereal for breakfast.
- Yes, you can watch TV / play Wii.
- No, you may not go to your friends' house.
- No, you cannot have a baggie of snacks from the pantry, those are for lunches. (yes, I mean those ones.)
- You can have an orange for a snack. This means one (1) each.

Alexia – don't antagonize your brother.
Liam – don't be a whiner ... or at least not 2 loud one.

We LOVE you!

The parents want their children ...

A ☐ to serve them breakfast in bed.

B ☐ not to disturb them.

C ☐ to do their household chores.

D ☐ not to forget to do the shopping.

*14.

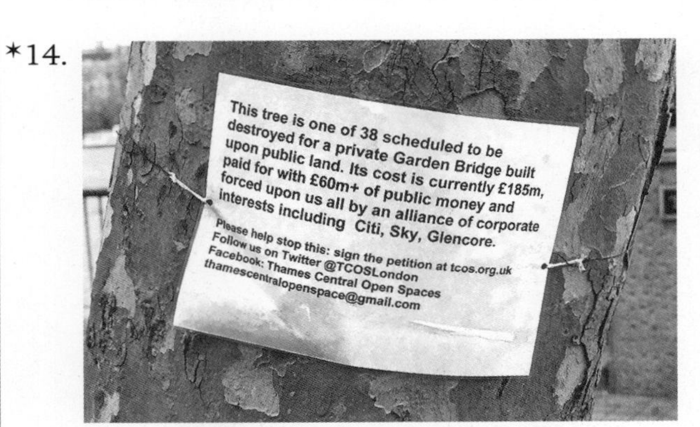

© UrbanImages / Alamy Stock Photos

This sign wants people ...

A ☐ to donate money.

B ☐ to plant a tree.

C ☐ to join a campaign.

D ☐ to stay off private land.

15.

PROFESSIONAL
BARBER & HAIR STYLIST
WANTED
FOR
ESTABLISHED UNISEX SALON
IN
TRAFALGAR ROAD
GREENWICH
CHAIRS TO RENT
ALSO AVAILABLE
CONTACT CHRIS
02082934411 or 07956279140

Here you can …

A ☐ apply for a job.
B ☐ buy furniture.
C ☐ get a free haircut.
D ☐ donate clothes.

*16.

Pick your own path
To prevent further erosion of this popular path, please pick your own route across the field.

A ☐ This path is for sheep only.
B ☐ Don't leave your litter behind.
C ☐ Don't pick the flowers.
D ☐ Help to protect this field.

Reading Part 3: Is It Safe to Turn Your Children into YouTube Stars?

- Read the text and the statements on pages 15 and 16.
- Put a tick (✓) in the box next to the correct answer.
- Only one answer is correct in each case.

1 By now, you know the famous fashion vlogger Zoella. When you hear the word "vlogger", her squeaky-clean, babyfaced brand is exactly 5 what comes to mind. But vloggers are varied. Older, rounder and balder individuals have also amassed millions of views, subscribers, and pounds on YouTube. But they don't do it by 10 filming 20-minute lipstick reviews. Instead, they film their children.

The daily vlogging of family life is nothing new. The Shaytards, an American family with five children 15 and over 3.7 million YouTube subscribers, have recorded every day of their lives for the past eight years. But family vlogging is on the rise and hundreds of Britons are now copy- 20 ing the Shaytards.

Jonathan and Anna Saccone-Joly have been filming their children Emilia and Eduardo literally since the moment of their births. Their 25 daily videos, viewed by 1.1 million subscribers, showcase the realities of family life: cooking, shopping, bathing and eating. Loyal fans follow every move and some younger view- 30 ers even write fan fiction about being adopted by the family.

At first glance, it all seems harmless enough. The family earns thousands of pounds a year from adverts and 35 product placements in their videos, neither Jonathan nor Anna need to work traditional full-time jobs. What parent wouldn't want to get paid to spend time with their young 40 children?

However, "parents need to think very carefully about how the material they are filming is available for the world to see in perpetuity," says Prof 45 John Oates, a Senior Lecturer in the Child and Youth Studies Group at the Open University. "Some children are bullied simply because they've been shown on TV," he says. "Foot- 50 age of a child that might be fine aged two or three could be very distressing if it was available on the blogosphere when they were 12 or 13."

It's worth noting that the children of 55 YouTube probably don't face the same risks that made traditional child stars like Lindsay Lohan or Macaulay Culkin lose control of their lives. Oates explains that the stress 60 of being a child star doesn't necessarily cause this kind of destructive behaviour. He adds if a child has a "secure attachment", meaning they trust the adults around them to be a 65 secure base in times of distress, potential harms can be reduced. Unlike traditional child performers, however, the children of YouTube are currently not protected by any laws 70 or psychological guidelines.

When asked why legal regulations do not apply to YouTubers, a Department of Education spokesperson said: "We trust parents to act in 75 the best interests of their children." Though a nice sentiment, it seems perhaps a little naive, especially when there are financial gains to be made. Without legal protection, 80 there is no guarantee that a child will

see a share of these earnings. Nor is there any requirement for a child to consent to being filmed.
Jonathan believes his children do 85 want to be part of his videos, though he admits Emilia, who is three, is more extroverted than one-and-a-half-year-old Eduardo. He talks happily about a recent clip he filmed of 90 her singing in a restaurant. "If she didn't want to do it, she wouldn't have," he says, "My filming isn't directional, it's observational … I don't make the children do anything."
95 In the Shaytards' video entitled DAD! CUT THAT PART OUT! from April 2014, nine-year-old Avia begs her father to remove part of the video where she talked about flirting with a 100 classmate. "But this is good footage!" her father replies, before she gives in with an exasperated "FINE!". "I promise you, listen, in 10 years from now, you will look back on this video 105 and you'll be like 'that was so cute … I'm so glad I have that memory'," he continues. Hopefully, he's right. But will she be equally happy that 3,108,012 strangers now share that 110 memory with her?
Jonathan also rejects the idea he isn't doing this for his children. "Obviously we're their parents … they have trust funds," he says. "I want 115 my children to have a better life than me."
Oates recognises some of these benefits, that children "may acquire status, financial rewards, and enjoyable 120 exciting experiences", but adds that some form of regulation is needed. YouTube itself could regulate its users, but as yet it's too early to know what the long-term effects on 125 the child stars will be.
Are the parents worried about any impact on their children's futures? "Come back and speak to me and Emilia in 10 years," says Jonathan 130 Saccone-Joly. "I'll put it in my calendar. We'll see then."

Text (adapted): Amelia Tait: "Is it safe to turn your children into YouTube stars?" *The Guardian*. 16 Sep 2015,

Reading Part 3: Is It Safe to Turn Your Children into YouTube Stars?

17. Family vlogging …
   - A ☐ is usually done by younger people.
   - B ☐ promotes beauty and fashion products.
   - C ☐ is becoming more and more popular.
   - D ☐ started eight years ago.

18. Jonathan and Anna …
   - A ☐ have adopted a boy and a girl.
   - B ☐ show how hard it is to raise children.
   - C ☐ earn part of their living with their family vlogs.
   - D ☐ are going to publish a book based on fan letters.

* 19. According to Prof John Oates, parents who film their children should …

A ☐ think about the long-term consequences.
B ☐ stop filming them after they have turned 12.
C ☐ talk to their children about problems at school.
D ☐ both B + C

* 20. Oates believes that compared to traditional child stars, YouTube children …

A ☐ may develop fewer behaviour problems.
B ☐ get more professional psychological help.
C ☐ have better chances of becoming famous.
D ☐ know more about marketing.

* 21. According to the Dept. of Education laws to protect YouTube children are not necessary because …

A ☐ the children do not earn any money for being filmed.
B ☐ parents know what is best for their children.
C ☐ the vlogging takes place in the private sphere.
D ☐ parents make agreements with their children.

* 22. Jonathan says that …

A ☐ his video producing skills are getting better.
B ☐ his children will learn to edit their own videos.
C ☐ he wouldn't force his children to act in front of the camera.
D ☐ he isn't interested in making his children famous.

* 23. The scene from "DAD! CUT THAT PART OUT!" shows that …

A ☐ Avia is a perfectionist.
B ☐ the father plays down his daughter's worries.
C ☐ viewers feel embarrassed when watching family fights.
D ☐ both B + C

* 24. What does Oates state at the end of the text?

A ☐ Family vloggers should form a network.
B ☐ Children should learn how to manage their money.
C ☐ Rules regarding family vlogging need to be introduced.
D ☐ all of them (A + B + C)

* 25. Which statement sums up the idea of this article best?

A ☐ Sharing is caring.
B ☐ Vlogging: Just another distraction.
C ☐ Get paid for raising your kids.
D ☐ Children need protectors, not employers.

Answer sheet

Reading: Candidate Answer Sheet

Name: ____________________

For students: Put a tick (✓) in the correct box.

Part 1: What to Do in and around Cape Town (South Africa)

Number	Name	A	B	C	D	E	F	G
1/2	a) Hiyam							
3/4	b) Connor							
5/6	c) Romina							
7/8	d) Joan							
9/10	e) Eli							

/10 P

Part 2: Short Texts

Number	A	B	C	D
11				
*12				
13				
*14				
15				
*16				

/6 P

Part 3: Is It Safe to Turn Your Children into YouTube Stars?

Number	A	B	C	D
17				
18				
*19				
*20				
*21				
*22				
*23				
*24				
*25				

/9 P

/25 P

Writing Part 1: Your Photo

Photo A

© Maridav / Shutterstock.com

Photo B

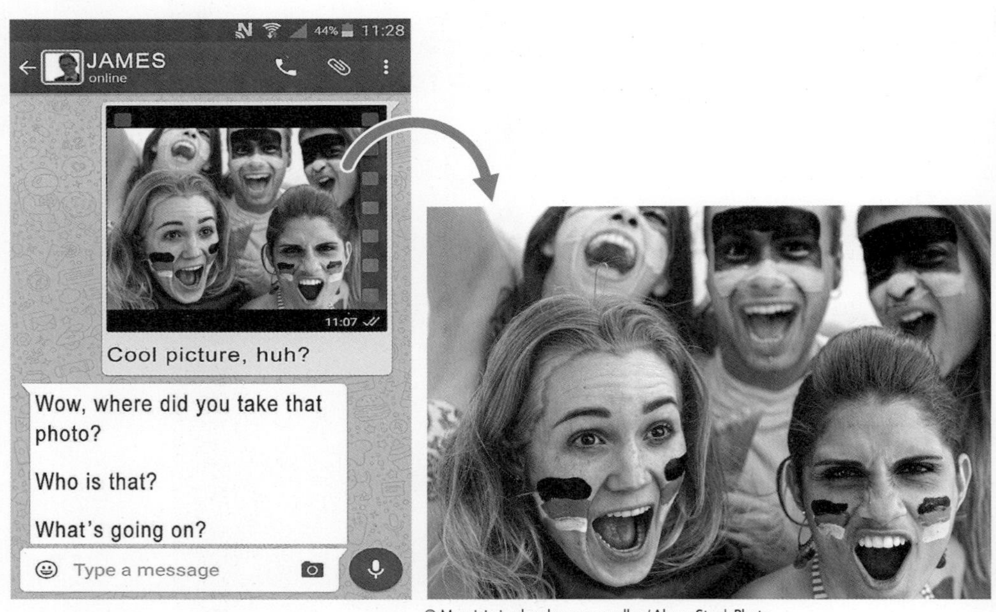

© Mauricio jordan de souza coelho / Alamy Stock Photo

Choose photo A <u>or</u> B.

- You have posted this photo.
- Your friend James wants to know more.
- Answer his questions.
- Write 30–50 words.

/5 P

Writing Part 2: Class Chat

- Read what the blogger has written.
- Then write back, answering all of the questions.
- Write a minimum of 100 words.

Home *Welcome to our site* | **Services** *What we do* | **Blog** *Read our stories* | **Contact** *Get in touch* | epinion

Blog **Public topics**

Class Chat

Name:
Annoyed AppUsR

© bloomua / Shutterstock.com

Hey guys,

My class chat is really getting on my nerves. Messages, messages, messages! My phone is constantly beeping. And most of what people post is rubbish anyway.
How do you feel about your class chat?
I sometimes feel that I should just leave the group. But I'm not sure if that's a good idea. Please help me to make up my mind: What are reasons to stay? Which rules could we set up to make the chat less annoying?
And another thing: Our teacher wants to join our chat. I'm not sure what to think about that. What do you say?

Inhalt:	/5 P	Sprache:	/5 P	Gesamt:	/10 P

Writing Part 3: Mediation – Neighbourhood Project

Ein Teller Heimat

Integration geht durch den Magen – das haben wir uns gedacht, als wir die Veranstaltungsreihe „Ein Teller Heimat" ins Leben gerufen haben.
Ziel unseres Projektes ist ein monatliches Zusammenkommen in entspannter Atmosphäre, bei dem Flüchtlinge und freiwillige Stuttgarter für die „Verköstigung" der anderen Teilnehmer zuständig sind. Dabei soll immer etwas aus den verschiedenen Herkunftsländern gekocht werden.

Mit dem Little Italy in Stuttgart Süd konnten wir gleich eine tolle Location für die erste Veranstaltung (und hoffentlich auch für die zukünftigen) gewinnen, da die Inhaberin des gemütlichen Restaurants, Claudia Reiss, uns dieses an ihrem Ruhetag zur Verfügung stellt.

Kulinarisch sollte die Reise am ersten Abend nach Westafrika, genauer nach Ghana gehen. Benjamin und Hubert – beide aus Ghana und seit etwa einem Jahr in Deutschland, haben für uns ein leckeres Menü zusammengestellt. Auch wenn Vorspeisen in Ghana unüblich sind, haben wir zu Anfang Plantanenchips (Kochbanane) mit verschiedenen Dips auf die Tische gestellt. Die Hauptspeise war eines der Nationalgerichte in Ghana – Waakye. Darüber hinaus, dass es allen sehr gut geschmeckt hat, sind einige tolle Unterhaltungen zustande gekommen. Interessant war es zum Beispiel, über die Essgewohnheiten und Bräuche in den verschiedenen Ländern zu hören. Uns hat an dem Abend besonders die ungezwungene Atmosphäre gefreut. Da buchstäblich alle am gleichen Tisch sitzen, kommt man automatisch in Kontakt, und so ergibt sich die Möglichkeit, sich besser kennenzulernen – nicht nur für Stuttgarter und Flüchtlinge, sondern auch für die Geflüchteten verschiedener ethnischer Gruppen untereinander.

Auf jeden Fall möchten wir die Veranstaltungsreihe nach dem großen Interesse weiterführen.

Text: Julius Niehaus und Georg Ulrich, „Ein Teller Heimat – Erster Abend", https://fkreissued.wordpress.com/2017/02/26/ ein-teller-heimat-erster-abend/#more-2016
Bild: © Angelika Feigenbutz

Repair-Café Bremen

Wozu ein Repair-Café? Es geht darum, selber herauszufinden, wie ein Gerät aufgebaut ist, wie es funktioniert, um sich unabhängig zu machen von den Herstellern, um auch die Geräte länger zu nutzen, statt sie wegzuwerfen. Es geht darum, der Wegwerf-Gesellschaft eine bessere Alternative anzubieten, und es geht vor allem darum, den Kreis der industriellen Verwertungs- und Wachstumslogik zu durchbrechen durch eigener Hände Arbeit. Der Einzelne hat mehr Macht, als es erscheint, oft auch als ihm erzählt wird. Repair-Cafés sind ein schönes Beispiel dafür, wie wir selber wieder anfangen können, aktiv etwas für eine bessere Welt zu tun.

Wer geht zu einem Repair-Café? Jeder, der etwas zu reparieren oder pflegen hat und etwas für die Umwelt tun möchte oder sich einfach mit anderen im Café austauschen möchte. Nicht immer „lohnt" sich eine Reparatur, weil Gegenstände teilweise alt sind und es für weniger Geld einen neuen geben würde. Aber genau darum geht es: Die Industrie bringt immer billigere Geräte auf den Markt, die immer schneller weggeworfen werden, auch und gerade WEIL sie so billig sind. In ein Repair-Café kommen Menschen, denen die Umwelt am Herzen liegt. Bei uns findest du also nicht nur defekte Kaffeemaschinen, sondern auch Menschen, mit denen man sich nett unterhalten kann … :)

Wer repariert meine Sachen? Im Prinzip immer du selber. Ein Repair-Café ist ein Ort, wo man sich zum gemeinsamen Reparieren und Pflegen trifft. Bei uns triffst du auf Menschen, die willens und in der Lage sind, Dinge zu reparieren und ihr Wissen an dich weitergeben – wir nennen sie „Helfer". Der Helfer und du – ihr repariert also gemeinsam oder du bekommst gezeigt, was du tun kannst.

Text: Marco Schöling, „Wozu ein Repair-Café?", Leuchtturmfabrik e.V. Bremen, https://www.repaircafe-bremen.de/wie-es-funktioniert/, https://www.repaircafe-bremen.de/wie-es-funktioniert/mehr-lesen/
Bild: © dpa

✶

✶ Writing Part 3: Mediation – Neighbourhood Project

Your Irish friend Kim told you that she/he and her/his friend want to start a neighbourhood project. Now they are looking for ideas of what they could do.

- Read the two articles.
- Choose **one**.
- Write an e-mail to your friend Kim telling him/her what the project is about and mention at least four important aspects.
- Do not translate word for word.
- Write complete sentences.

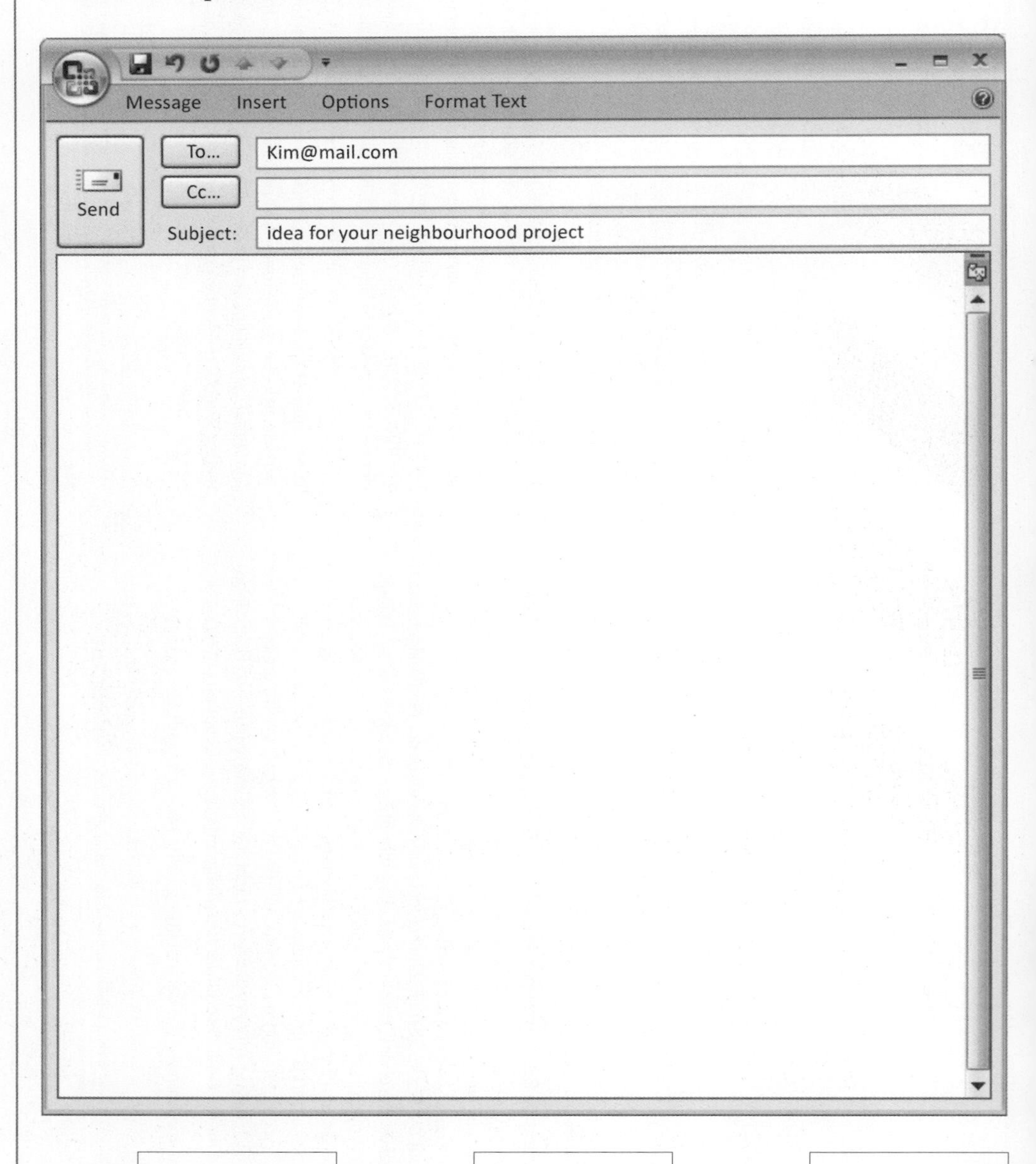

Inhalt: /5 P Sprache: /5 P Gesamt: /10 P

Lösungsvorschläge

Listening

Allgemeiner Hinweis: Zu Übungszwecken kannst du dir die Hörtexte so oft anhören, wie du möchtest. Wenn du die Aufgaben unter Prüfungsbedingungen bearbeiten möchtest, solltest du dir den jeweiligen Text aber nur zweimal anhören. Lies den Hörverstehenstext nur durch, wenn du mit den Lösungen ganz unsicher bist und gar nicht weiterkommst.

Listening Test 1: Announcements

Announcement 1: At the Leisure Centre

1 Attention, Ladies and Gentlemen. Due to a thunderstorm warning, our outdoor facilities will be closed for the rest of the day. Those who would like to use our indoor facilities are welcome to do so. Our in-
5 door pool is on the first floor and will be open from 8 a.m. to 8 p.m. today. Our indoor tennis courts will be open until half past seven and are located on the second floor. Unfortunately, our miniature golf course is still under repair. As always, our saunas are open
10 until 10 p.m. and are located in the basement. Please be advised that there is no smoking in any of our facilities.

Aufgaben

a) A

Hinweis: „Due to a thunderstorm warning" (Z. 1/2)

b) C

Hinweis: "Our indoor tennis courts will be open until half past seven" (Z. 6/7). Folgende Informationen zeigen dir, dass die restlichen Antwortmöglichkeiten falsch sind: "our outdoor facilities will be closed for the rest of the day." (Z. 2/3), "our miniature golf course is still under repair" (Z. 8/9) und "there is no smoking in any of our facilities." (Z. 11/12)

Announcement 2: At the Airport

1 Attention, please. British Airlines flight number 4201 leaving for Madrid at 14.45 has been cancelled. Passengers who are on this flight are asked to take flight 3410 to Paris-Orly, leaving at 14.55 at gate 4,
5 and change to flight 1376 leaving Paris Charles de Gaulle at 18.50. A shuttle bus between airports will be provided. Please go to your nearest British Airlines check-in counter to have your ticket reissued. We apologize for the inconvenience.

Aufgaben

a) C

Hinweis: "flight number 4201 leaving for Madrid at 14.45 has been cancelled." (Z. 1/2)

b) B

Hinweis: "A shuttle bus between airports will be provided." (Z. 6/7)

Listening Test 2: Answerphone Messages

Message 1: A Surprise Party

Hi Dave, this is Susan. I'm just calling to tell you that we're meeting at Jesse's house at 6 o'clock to prepare for Sarah's surprise party. She's got a big room in the basement with good stereo equipment, so it should be great. Don't forget to bring the candles, sausages and orange juice. Bill is bringing the cake and the music, and Sallie and John are bringing all the dishes and the forks and that kind of stuff. In case Sarah phones you, don't forget she doesn't know anything about
10 the party. She thinks we're meeting to play table tennis. And by the way, the tickets we got her as a gift will cost each of us £ 10. OK, talk to you soon. Bye ...

Aufgaben

a) A

Hinweis: "Don't forget to bring the candles, sausages and orange juice." (Z. 5/6)

b) A

Hinweis: „the tickets we got her as a gift" (Z. 11/12)

Message 2: Plans for Tonight?

1 Hi Karen, it's Kate. Listen, I know we said we'd meet tonight at the club, but I'm not feeling so well. Andy and I were out late last night and I had to get up really early for school today and now I'm totally dead and 5 going to bed soon. Could we postpone it till tomorrow? I was thinking it'd be great to go to that concert at the Arena tomorrow. It starts at 8 but the main band won't be on until 10, I think. So we'll have plenty of time to catch up. How about meeting at the 10 internet café on the corner, say around half past six? Call me on my mobile ...

Aufgaben

a) A

Hinweis: "I'm totally dead and going to bed soon." (Z. 4/5)

b) B

Hinweis: "I was thinking it'd be great to go to that concert at the Arena tomorrow." (Z. 6/7)

c) B

Hinweis: "How about meeting ... around half past six?" (Z. 9/10)

Listening Test 3: Radio Spots

Radio Spot 1

1 CHILD: My mummy and daddy are still missing. And our house and my school have crashed. I need somewhere to live. Everywhere I look things have fallen down.

5 SPEAKER: The earthquake in Haiti has left thousands of children homeless. We need your support. You'll find us on the world wide web at www.helpchildreninhaiti.org. Please donate anything you can to help. Your donation is tax-deductible and 10 will help a child in need.

Radio Spot 2

1 *(sound of a party, people clinking glasses, saying cheers and laughing)*

GEORGE AND JUSTINE: Ta. It's been great. Bye.

(apartment door closing, footsteps going downstairs)

5 JUSTINE: That was a great party. Shall I give you a lift, George? Are you sober?

GEORGE: *(a little slurred)* No need, Justine. I'll be fine. I've just had a couple of beers. My car's ... here. *(remote control sounds)* See you tomorrow and 10 say hello to Peter from me.

JUSTINE: Yeah sure but are you sure you're alright? You don't look so sober.

GEORGE: *(more slurred)* Don't worry about me. I'm OK. See ya, Justine.

15 *(car door closes and car wheels screeching)*

(A moment's silence – then the phone rings.)

JUSTINE: Hello. Bay View Hotel. Justine Miller speaking ... Oh hi, Anne. What's up? You sound awful. Hey, how's George? Getting over his hangover? ... 20 What! ... No! ... No! ... I can't ... That can't be ... and I offered him a ride home last night ... Oh my God! *(She breaks down and cries.)*

SPEAKER: Did you know that car accidents are the leading cause of death among young people? 25 Whenever you have a drink, don't touch those car keys! And make sure that your friends don't touch them either. Sponsored by the Minister of Traffic and Transport.

Radio Spot 3

1 *(teenager out of breath)* Do you want to sound like this in your PE class? Or like this *(teenager breathing evenly)*? At dinner time, do you hear this sound *(celery crunching)* or this *(sound of drive through and* 5 *car)* "I'll have a double cheeseburger, large fries and a coke." ... "Anything else? No? That'll be 5.95."? If you want to look like Beckham and not Balloonman, then choose a balanced diet. Of course, this doesn't mean you can't enjoy a hamburger now and then, 10 just keep it balanced with lots of fruit and vegetables that your body also needs. You'll come out a winner. This message was brought to you by the Food and Health Administration.

Radio Spot 4

1 This *(sound of ocean waves and seagulls)* is less than an hour away from this *(sound of traffic)*. Paradise is just around the corner. Just hop on the ferry and you're here. Relax in one of our quaint hotels or feel 5 at one with nature on our woody camping sites. The world is yours on the Isle of Wight. It's right on your doorstep. For more information, please see our website at www.isle-of-wight.co.uk.

Aufgabe 1

a) A

✎ *Hinweis: "My mummy and daddy are still missing." (Z. 1); "The earthquake in Haiti has left thousands of children homeless. We need your support ... Please donate anything you can to help." (Z. 5–9)*

b) B

✎ *Hinweis: "Did you know that car accidents are the leading cause of death among young people? Whenever you have a drink, don't touch those car keys!" (Z. 23–26)*

c) A

✎ *Hinweis: "choose a balanced diet." (Z. 8)*

d) B

✎ *Hinweis: "This* (sound of ocean waves and seagulls) *is less than an hour away from this* (sound of traffic)*." (Z. 1/2)*

Aufgabe 2

Spot 1	Spot 2	Spot 3	Spot 4
D	E	C	A

✎ *Hinweis Spot 1: "My mummy and daddy are still missing." (Z. 1); "Please donate anything you can to help." (Z. 8/9)*

✎ *Hinweis Spot 2: "Whenever you have a drink, don't touch those car keys!" (Z. 25/26)*

✎ *Hinweis Spot 3: "choose a balanced diet" (Z. 8); "keep it balanced with lots of fruit and vegetables that your body also needs" (Z. 10/11)*

✎ *Hinweis Spot 4: "Relax in one of our quaint hotels or feel at one with nature" (Z. 4/5)*

Listening Test 4: More Radio Spots

Radio Spot 1

1 *(customer in a home improvement store, sounds of a cash register)*

CUSTOMER: Excuse me. Can you help me? I need a new light bulb for my lamp. This one has burned 5 out, so I'm going to need a 100 Watt bulb. I can't find them.

SHOP ASSISTANT: Sorry, we don't sell those bulbs any longer.

CUSTOMER: What do you mean? I've been buying 10 these here for years.

SHOP ASSISTANT: Well, those bulbs are too expensive.

CUSTOMER: Since when?

SHOP ASSISTANT: They've always been. They're expensive because they waste a lot of energy.

15 CUSTOMER: Really?

SHOP ASSISTANT: Yes. These energy saving bulbs here use only 20 % of the energy compared to the old-fashioned ones.

CUSTOMER: Those look funny. Are they really as bright?

20 SHOP ASSISTANT: Absolutely. Look over here at these lamps. They're all using the new bulbs and see how bright they are? No difference ... except the price.

CUSTOMER: What about the price? How much are 25 they?

SHOP ASSISTANT: They're a little more expensive to buy, but you'll be glad in the long run. Your electricity bill will be lower. And you're doing something good for the environment.

30 CUSTOMER: I guess I can see that. OK. I'll take four.

SHOP ASSISTANT: You really only need one, because they also last much longer than the old ones. They don't get as hot and that's why they don't burn out as quickly.

35 CUSTOMER: Oh. Great. But I'll take four anyway, because I want to replace other bulbs in my house.

COMMENTATOR: Use energy saving light bulbs and do something to save the environment ... and you'll save a lot of money.

Radio Spot 2

1 *(sound of a car, children coughing)*
CHILD 1: Daddy, open the window. It stinks.
CHILD 2: Yeah, and I can't breathe.
MOTHER: Honey, how many times have I told you,
5 that you shouldn't smoke with the kids in the car!
(sound of automatic window opening, lots of exterior noise)
MOTHER: Put that cigarette out at once! It's minus 15 degrees outside. Are you trying to kill us?
10 FATHER: God! You're all driving me crazy. Oh, all right ... there. It's gone.
MOTHER: What are you doing, littering the street? You can't just throw your cigarette out the window. You know my cousin Mathilda, who smoked
15 like a chimney? ... *(sound of woman's voice fading out)*
COMMENTATOR: That woman may be annoying but she's right. Second hand smoke will destroy your children's future. They will be much more likely
20 to die of cancer. So never smoke around your children.

Radio Spot 3

1 *(techno music – short silence – school sounds such as background voices)*
GIRL 1: That was a great party last night. But where did you go? Bill and I couldn't find you.
5 GIRL 2: *(sounds distressed)* Well, I took that drink from some guy I met there. I don't even know his name. Then I don't remember anything. Just that I was in his car and then I woke up in some strange flat. Nobody was even there. I just can't figure out
10 what happened.
GIRL 1: That's weird. I heard from Jenny that you were at Tony's house and were kissing him and everything.
GIRL 2: No way. That's impossible. And who's Tony? I
15 don't remember doing anything like that.
GIRL 1: I don't know. Tony's over there with those guys and they were talking about you. Maybe you should go and ask them what happened.
GIRL 2: Oh my God. How embarrassing.
20 COMMENTATOR: Lots of teenagers who don't want to try drugs may end up like this. Don't accept anything from people you don't know. You never know what's in the drink because it might be spiked. Sponsored by the Ministry of Health, Edu-
25 cation and Welfare.

Radio Spot 4

1 *(sound of video games and shooting, knock at the door)*
SON: *(quietly)* Oh no. *(loudly)* Come in!
MOTHER: What are you doing in here all day long?
5 The weather's beautiful outside.
SON: I'm just playing Deathman. It's great. I'm on level 5 now. *(sound of machine gun)* See?
MOTHER: I don't want you to play that stupid game. And you can't stay in this stuffy room all day long.
10 Why don't you go out and go swimming or do something with your friends?
SON: But all my friends are at home playing Deathman. We're connected via the Internet. Look, Billy's online and Tommy's here too. We're compet-
15 ing for control of the Megazone.
MOTHER: And what about your Maths test? Have you done your homework?
SON: Later, Mum. I've got to wipe out these Haltrons. *(suddenly quiet)* Hey! What are you do-
20 ing? Where are you taking my computer?
MOTHER: I'm sorry, son, but this is for your own good.
COMMENTATOR: On average, teenagers waste five hours or more a day playing computer games or
25 watching TV. Make sure kids don't become addicted to these things. Two hours is plenty. Teach control before it gets out of hand.

Aufgabe 1

Spot 1	Spot 2	Spot 3	Spot 4
E	F	C	D

Hinweis Spot 1: "These energy saving bulbs here use only 20 % of the energy compared to the old-fashioned ones." (Z. 16–18)

Hinweis Spot 2: "Second hand smoke will destroy your children's future. They will be much more likely to die of cancer." (Z. 18–20)

Hinweis Spot 3: "Don't accept anything from people you don't know. You never know what's in the drink because it might be spiked." (Z. 21–24)

Hinweis Spot 4: "On average, teenagers waste five hours or more a day playing computer games or watching TV ... Teach control before it gets out of hand." (Z. 23–27)

Aufgabe 2

a) a 100 Watt bulb
Hinweis: "I'm going to need a 100 Watt bulb." (Z. 5)

b) minus 15 degrees
Hinweis: "It's minus 15 degrees outside." (Z. 8/9)

c) in a strange flat
Hinweis: "I woke up in some strange flat." (Z. 8/9)

d) five hours
Hinweis: "On average, teenagers waste five hours or more a day playing computer games or watching TV." (Z. 23–25)

Listening Test 5: Couchsurfing or Wilderness?

1. My name's John and I'm 35. I've got a very stressful job, and I hardly ever go on holiday, but when I find the time, I only want to relax, so my wife and I usually go to a luxurious boutique hotel on Vancouver Island that doesn't allow small children. We go for long walks in the woods, get massages, go to the sauna and enjoy the fantastic food there.
2. Hi, I'm Olivia and I'm a student at the University of British Columbia. I'm 21 and I love travelling, but I don't want to be seen as a tourist. Since I don't have much money, I usually go couchsurfing when I'm abroad. It's a great and cheap way to meet locals, make new friends and explore places far away from the typical tourist paths.
3. I'm Hailey and I'm 25 years old. I wouldn't like to go couchsurfing. I think it's dangerous to stay at the house of someone you don't know. I love travelling, but I don't earn much money, so I always stay at youth hostels. I always choose a small hostel so that there's a cosy atmosphere and travellers get in touch with each other easily.
4. Hello, my name's Carter and I'm 16. In my summer vacation I usually go camping with my friends. I love hiking and fishing and being outside 24/7, so I wouldn't like to spend my holidays in any other way. My parents, in contrast, usually go on city trips together with their friends from the golf club.
5. Camping is great, isn't it? I'm Josh and I'm 15. My parents bought a large mobile home five years ago, so we always go camping. I like sleeping in the comfy bed of the mobile home, whereas my younger brother always sleeps in a tent. We always go to the same campsite, which is great, because we meet the same people every year.

Aufgabe 1

Hinweis: In dieser Aufgabe musst du versuchen, für jede Person herauszuhören, welche Art von Urlaub sie bevorzugt. Lies dir zuerst alle Statements durch und markiere Schlüsselbegriffe. Überlege auch gleich, welche Synonyme du für diese Begriffe kennst, denn in den Hörtexten werden nicht immer dieselben Wörter verwendet. Du musst zwar für deine Antwort keine Details wie die Art der Unterkunft oder die Aktivitäten kennen, solltest auf diese Informationen aber trotzdem genau achten, denn sie lassen erkennen, was den Personen im Urlaub wichtig ist.

a) **2**
Hinweis: Olivia ist es besonders wichtig, nicht als typische Touristin zu erscheinen ("I don't want to be seen as a tourist", Z. 11) und Dinge zu tun, die nicht jeder Tourist macht („far away from the typical tourist paths", Z. 15).

b) **–**
Hinweis: Zwar achten Olivia und Hailey darauf, dass ihr Urlaub nicht zu teuer wird (Olivia: "I don't have much money", Z. 11/12, "It's a great and cheap way", Z. 13; Hailey: "I don't earn much money", Z. 19), doch von Party und Action spricht keine von beiden.

c) **–**
Hinweis: „Relaxing holiday" passt gut zu Text 1, aber John verreist nicht mit der ganzen Familie, sondern nur mit seiner Frau und in ein Hotel, in dem keine kleinen Kinder erlaubt sind ("my wife and I usually go to a luxurious boutique hotel on Vancouver Island that doesn't allow small children", Z. 3–6). Der Zusatz „for the whole family" passt daher nicht zu ihm.

d) 5

Hinweis: Zwar äußert sich Josh nicht explizit über das Naturerlebnis, stimmt aber seinem Vorredner zu, dass Camping eine tolle Sache ist (vgl. Z. 30). Er schätzt beim Camping auch einen gewissen Luxus: "I like sleeping in the comfy bed of the mobile home" (Z. 32/33).

e) 1

Hinweis: John sucht in seinem Urlaub Ruhe und Erholung ("I only want to relax", Z. 3). Er verbringt ihn daher in einem Luxushotel, in dem nicht einmal kleine Kinder erlaubt sind, die für Unruhe sorgen könnten (vgl. Z. 4–6).

f) –

Hinweis: Olivia möchte zwar in ihrem Urlaub gerne Einheimische treffen ("It's a great and cheap way to meet locals", Z. 13/14), aber von Städteurlaub („city trips") spricht sie nicht. Dieses Schlagwort fällt in Carters Beitrag (vgl. Z. 28), er bezieht sich damit aber auf seine Eltern, nicht auf sich selbst.

g) 3

Hinweis: Sowohl für Olivia als auch für Hailey ist es wichtig, Kontakte zu anderen Menschen zu knüpfen. Olivia erwähnt dabei allerdings keine bestimmte Altersgruppe und möchte sich von anderen Touristen eher fernhalten. Hailey dagegen sagt, dass sie immer in kleinen Jugendherbergen übernachte, da sie gern in Gesellschaft anderer junger Reisender sei (vgl. Z. 20–22).

h) 4

Hinweis: Diese Art von Urlaub passt zu Carter, für den „being outside 24/7" (Z. 25/26) im Urlaub besonders wichtig ist.

Aufgabe 2

Hinweis: Hier sollst du zu jeder der fünf Personen einige Detailinformationen notieren. Es geht um das Alter, die Art von Unterkunft, in der sie Urlaub machen, und eine Aktivität, der sie im Urlaub nachgehen. Die Reihenfolge der Personen in der Tabelle entspricht auch der Abfolge der Statements in der Audio-Datei. Du kannst also der Reihe nach zu jeder Person Notizen in der Tabelle machen. Beachte, dass du bei den Aktivitäten nur eine aufschreiben musst.

a) 35
Hinweis: "My name's John and I'm 35." (Z. 1)

b) luxurious (boutique) hotel
or: luxury hotel
Hinweis: "I usually go to a luxurious boutique hotel" (Z. 4)

c) go for long walks in the woods
or: get massages
or: go to the sauna
or: enjoy the (fantastic) food
Hinweis: Hier hast du verschiedene Möglichkeiten, von denen du eine auswählen kannst (vgl. Z. 6–8).

d) 21
Hinweis: "I'm 21" (Z. 10)

e) couchsurfing
or: someone's couch
Hinweis: "I usually go couchsurfing" (Z. 12/13)

f) meet local people
or: make new friends
or: explore places away from other tourists
Hinweis: Du kannst eine der Aktivitäten auswählen (vgl. Z. 14/15).

g) 25
Hinweis: "I'm Hailey and I'm 25 years old." (Z. 16)

h) small youth hostel
Hinweis: Hier solltest du den Zusatz „small" nicht vergessen. Die relevanten Textstellen sind: "I always stay at youth hostels" (Z. 19/20) und "I always choose a small hostel" (Z. 20/21).

i) 16
Hinweis: "my name's Carter and I'm 16." (Z. 23)

j) camping (in a tent)
Hinweis: Carter geht gerne zum Campen ("I usually go camping with my friends", Z. 24/25). Aus seiner Aussage, dass er gerne rund um die Uhr draußen ist, kannst du erschließen, dass er zeltet und nicht in einem Wohnwagen oder Wohnmobil unterwegs ist.

k) hiking
or: fishing
or: outdoor activities
Hinweis: Mögliche Aktivitäten findest du in den Zeilen 25 und 26.

l) 15
Hinweis: "I'm Josh and I'm 15." (Z. 30)

m) (camping in a) mobile home
Hinweis: Josh schläft im Wohnmobil (vgl. Z. 32–34) und nicht wie sein kleiner Bruder im Zelt.

Listening Test 6: Working Abroad

1 MARIA: My name is Maria. I came to England to learn some English, and my English has become a lot better since I arrived here two years ago. Before I came, I didn't know much English because in Brazil I went to a German school, and so, obviously, our first foreign language was German, next to Portuguese, our native language. Over here I went to a language school at first, but then I had the feeling that my English wasn't as good as I'd hoped it to be, so I decided to go looking for a job. But then, of course, there was the problem that I had to get a work permit. It was quite difficult and lots of paperwork, but finally I got it. As I like being in touch with people, I looked for a job in a field where I'd have to talk a lot. I was lucky to find work as a waitress. I really love it, even though it can be exhausting. I've also made quite a few friends.

HEIKE: I came here to continue my studies at a foreign university. I study arts, and London offers quite a few opportunities with all its museums and art galleries. I had only wanted to stay for a year, but now that I only have a month left, I think I'll prolong my stay for another two semesters. I might even finish my studies here, providing my university in Belgium agrees to give me another grant. The grant isn't very high and London is very expensive, so I might have to look for a job. I think I would like to work as a clerk in a supermarket. This way I could study and work at the same time, as working hours in a supermarket are flexible and the payment is rather good. In a supermarket people would not bother with my first name. Heike is rather difficult for the English to pronounce.

JAKE: Wow, I'm still overwhelmed by all the impressions I get over here every day, even though I've been here for 12 weeks already. I was lucky to get such a nice family. We found each other via the Internet. There's a worldwide Internet association for au pairs. I always thought being an au pair was only for girls, but I was amazed at how many boys do it these days. Even in my language class there are a few male au pairs. The thing is I don't really need to take English lessons, because I'm quite fluent as English is one of the many official languages of South Africa and at school most subjects were taught in English, but it's a great opportunity to socialise and meet friends. Before I came here, I studied law. After my studies, I wanted to do something totally different. I've always liked children and that's why I decided to give it a try as an au pair. The kids and I have a lot of fun together. Sometimes though it's a bit exhausting, especially when the kids can't find an end, and shout Jake here, Jake there. Then I always have loads to do. I like doing it, and the pay isn't too bad, I get £ 230 a month plus free food and lodgings.

Aufgabe

✎ *Hinweis: Die Sprecher erzählen viel über sich selbst und ihre Erfahrungen im Ausland. Du musst also gut aufpassen, damit du alle Informationen zu Herkunftsland, bisheriger Aufenthaltsdauer, Ausbildung und Art der Arbeit verstehst, vor allem, weil die Informationen nicht immer in derselben Reihenfolge gegeben werden. Lies dir also zuerst einmal die Tabelle durch, damit du weißt, auf welche Details du im Hörtext achten musst. Dann höre dir die Äußerung der ersten Sprecherin an. Nach dem ersten Hören trägst du die Informationen, die du verstanden hast, in die Tabelle ein. Mache nach jeder weiteren Äußerung beim ersten Hördurchgang eine kurze Pause und nutze diese, um die Tabelle auszufüllen. Beim zweiten Hördurchgang kontrollierst du deine Antworten und ergänzt die noch fehlenden Details.*

a) Brazil
✎ *Hinweis: "in Brazil I went to a German school" (Z. 4/5)*

b) waitress
✎ *Hinweis: "I was lucky to find work as a waitress." (Z. 15/16)*

c) Belgium
✎ *Hinweis: „my university in Belgium" (Z. 25/26)*

d) 11 months
✎ *Hinweis: "I had only wanted to stay for a year, but now that I have only one month left" (Z. 22/23)*

e) arts student
✎ *Hinweis: "I study arts" (Z. 20)*

f) supermarket clerk
✎ *Hinweis: "I would like to work as a clerk in a supermarket" (Z. 29/30)*

g) South Africa
Hinweis: "I'm quite fluent as English is one of the many official languages of South Africa" (Z. 45–47)

h) 12 weeks
Hinweis: "I've been here for 12 weeks already" (Z. 37/38)

i) au pair
Hinweis: "I always thought being an au pair was only for girls, but I was amazed at how many boys do it these days." (Z. 41–43); "I've always liked children and that's why I decided to give it a try as an au pair." (Z. 51–53)

Listening Test 7: Dangerous Australians

1 There are things I'd prefer not to meet in Australia. One of these is the Sydney funnel-web spider – one of the most dangerous spiders in the world. These little guys are only about one and a half to three 5 and a half centimetres but they're very aggressive and have a strong bite. They live in the New South Wales area around Sydney. Although they usually prefer forests, especially deep dark holes, they can sometimes be found in urban areas, too – in people's gar- 10 dens or after they've fallen into their swimming pools, for example. Their poison can kill people in two hours – fortunately no one has died since 1981. But these spiders aren't the only things that you don't want to meet while you are on holiday in Aus- 15 tralia.
If you like salt water, there's another nasty little creature waiting for you. It's called the blue-ringed octopus. They aren't really aggressive, like the spider, but they are still very dangerous. They love the warm 20 shallow seas around Australia's coast and, because they're often less than 12 centimetres long, they can easily hide in old shells or in small gaps in rocks. Normally they are brown and quite boring to look at but when they're angry and about to attack, blue rings ap- 25 pear on them. But if a person sees the blue rings, then that person has probably already been stung because they only attack at the last minute if they feel threatened. This doesn't hurt but it will paralyse you in 10 minutes – and without medical help, you'll be 30 dead in 30 minutes. The good news is that no one has died from one for over 50 years now.
Although there are lots of things, from snakes to sharks, in Australia that can hurt people and even kill them, it's very rare that this happens and usually it's 35 just bad luck if it does. But saltwater crocodiles actually look for things to eat and that includes people. These guys hang around the coastal rivers, and islands just off the coast, and they can even be found a hundred kilometres up the rivers, too. They watch, 40 wait and learn habits before attacking, so you shouldn't do the same things in the same way in a crocodile area – and stay away from the water's edge. There are about ten attacks a year with two of them ending in death. You can't fight a saltwater crocodile, 45 they're huge, up to 8 metres long, and they can weigh more than 1,000 kilos.
Like many places in the world, you are safe in Australia so long as you don't do anything stupid – for example camping next to a river which is known to 50 be home to crocodiles – and have a little more respect for nature than normal.

Aufgabe

a) 1.5–3.5 cm
or: 1.5 to 3.5 centimetres
Hinweis: "These little guys are only about one and a half to three and a half centimetres" (Z. 4/5)

b) forests
or: deep dark holes in forests
or: Sydney area
or: New South Wales
Hinweis: "they usually prefer forests, especially deep dark holes" (Z. 7/8); "They live in the New South Wales area around Sydney." (Z. 6/7)

c) 1981
Hinweis: "fortunately no one has died since 1981" (Z. 12)

d) less than 12 centimetres
Hinweis: "they're often less than 12 centimetres long" (Z. 21)

e) in warm shallow seas
or: in old shells
or: in small gaps in rocks
Hinweis: "They love the warm shallow seas around Australia's coast and ... they can easily hide in old shells or in small gaps in rocks." (Z. 19–22)

f) over 50 years ago
Hinweis: "The good news is that no one has died from one for over 50 years now." (Z. 30/31)

g) (up to) 8 metres long
Hinweis: "they're huge, up to 8 metres long" (Z. 45)

h) coastal rivers
or: islands just off the coast
Hinweis: "These guys hang around the coastal rivers, and islands just off the coast" (Z. 37/38)

i) (probably) this year
Hinweis: "There are about ten attacks a year with two of them ending in death." (Z. 43/44)

Listening Test 8: Integrated prom

1 REPORTER: Here is Cable 77 News, this is Zac McCain and I'm reporting from Rochelle, Georgia, a city in the south of the US with about 1,400 inhabitants. Yesterday, a school-sponsored prom was held at 5 the local high school gym. You think that's nothing special? Well, let's ask Emma Acorn and Elijah Jackson, two of the participants. Hi, Emma, hi, Elijah.

EMMA, ELIJAH: Hello.

10 REPORTER: So, can you tell us what was so special about your prom?

EMMA: Well, as you've already said, it was a school-organized prom and that's still something special in our community. Until only a few years ago – until 15 2013 – the students and their parents had to organize the event on their own. However, these events were usually racially separated.

REPORTER: Which means that there used to be one prom for black students and one for white?

20 ELIJAH: That's true. For more than fifty years there were two proms in Rochelle and no one even questioned that habit.

REPORTER: Elijah, could you have imagined going to a different prom than Emma?

25 ELIJAH: No, definitely not. We've sat together in so many classes all through our high school years. And I'm pretty sure I would have failed some of them if it hadn't been for Emma … It would have felt totally wrong not to share this special event 30 with all of our classmates.

REPORTER: So integrated proms have only been held since 2013, right?

EMMA: Exactly. 2013 is a special year in our school history. A couple of students didn't want to cele- 35 brate separately. They wanted to spend this special evening with all of their friends. Just like us.

REPORTER: Tell us a bit more about those students.

ELIJAH: They were two black and two white girls who were really close friends. They got together and 40 organized a private integrated prom – the first one ever to take place in this city.

REPORTER: Why had that never been done before?

EMMA: Until the 1950s, African American students weren't allowed to enter high schools which used 45 to be exclusively for white people in those days. It wasn't until the 1960s that black students were admitted. When that happened here in Rochelle, the school didn't want to organize a prom any more.

50 REPORTER: And the reason was …?

EMMA: Actually, I don't know. But I think they might have been afraid of something bad happening – a scandal or something like that.

REPORTER: And did anything bad happen at the first 55 prom for black and white students?

ELIJAH: Well, the worst thing that happened was that younger students weren't allowed to show up because there would have been too many people there. It was a great, peaceful party where people 60 were enjoying themselves. Just like our own party yesterday.

REPORTER: So, I guess you appreciate what those girls did in 2013.

EMMA: Oh yes, of course. They're real heroes to us 65 because they showed the whole city – and the whole nation, too – that racial equality should be present in everyday life all the time.

ELIJAH: And after their private integrated prom had been a success, the school couldn't ignore it. I 70 mean, we live in the 21st century! Equal rights should be protected and everyone has to be treated in the same way.

REPORTER: Indeed. And that's why 2014 saw Rochelle's first school-organized prom. So, what 75 about your own prom yesterday? Does it still feel special to go to an integrated prom?

EMMA: Well, it definitely feels special to go to prom, and that's it. We all had a great time. It was probably just like any of the other proms across

80 America. Let's not forget that it was an event for young people who wanted to have some fun. No offence, but the media still report on it as if it was something that should be awarded the Nobel Peace Prize. I believe black and white kids cele-
85 brating together should be perfectly normal and nothing special at all.

REPORTER: No offence taken, Emma. You're absolutely right. Thank you both for your opinion and your time. And good luck for the future.

90 EMMA: Thank you.

ELIJAH: You're welcome.

Aufgaben

1. B
   Hinweis: "Until only a few years ago – until 2013 – the students and their parents had to organize the event on their own. However, these events were usually racially separated ... For more than fifty years there were two proms in Rochelle" (Z. 14–21)
2. A
   Hinweis: "We've sat together in so many classes all through our high school years. And I'm pretty sure I would have failed some of them if it hadn't been for Emma ..." (Z. 25–28)
3. C
   Hinweis: "Tell us a bit more about those students." "They were two black and two white girls who were really close friends. They got together and organized a private integrated prom – the first one ever to take place in this city." (Z. 37–41)
4. B
   Hinweis: "Until the 1950s, African American students weren't allowed to enter high schools ... It wasn't until the 1960s that black students were admitted." (Z. 43–47)
5. B
   Hinweis: "It was a great, peaceful party where people were enjoying themselves." (Z. 59/60)
6. A
   Hinweis: "younger students weren't allowed to show up because there would have been too many people there" (Z. 57–59)
7. B
   Hinweis: "And that's why 2014 saw Rochelle's first school-organized prom." (Z. 73/74)
8. B
   Hinweis: "No offence, but the media still report on it as if it was something that should be awarded the Nobel Peace Prize. I believe black and white kids celebrating together should be perfectly normal and nothing special at all." (Z. 81–86)

Listening Test 9: Food4Thought

1 PRESENTER: Hey everybody out there and welcome to my channel "Food4Thought". Today I went out on the streets of London to look for interesting people who have something to say about food. I
5 took 20-year-old Chris, Jessica, 17, and Michael, who's 15, with me to this quiet corner near Maltby Street Market. Thanks for sharing your time with me!

JESSICA: Thank YOU for the snacks!

10 PRESENTER: Yeah, I have to admit it, I bribed them into joining me and let everyone choose one food or drink from the market. Jessica, what have you taken?

JESSICA: I've taken these coconut biscuits, mh, deli-
15 cious. I'm always looking for vegan food. That's why I came to roam London's food markets today. Unfortunately, I don't get the chance so often, because I live on my parents' farm in the country.

PRESENTER: And Chris, what is it you have in your
20 glass?

CHRIS: It's a homemade cucumber lemonade. Tastes a little unusual at first, but so refreshing on a hot day like today! I work as a cook in a restaurant and we're always after new ideas for unusual dishes
25 and drinks.

PRESENTER: Your snack looks quite tasty, too. What is it, Michael?

MICHAEL: I chose this mixture of nuts and dried berries. To be honest, I would prefer the chocolate
30 cake you have in front of you, but I know I shouldn't ...

PRESENTER: Oh sorry, but you don't look like some cake could spoil your looks. You all said that food had a special meaning in your lives. I'm curious to
35 hear what it is. Let's start with you, Michael, and I'll make sure the chocolate cake quickly disappears from your view.

MICHAEL: You might not see it anymore, but I used to be overweight as a child. When I was six, my doc-
40 tor sent me to a special camp for obese children. I quickly lost weight there, but when I was at home again, all the bad habits came back, too. My whole family were fast food fans, you know.

PRESENTER: But today you don't seem to have any
45 weight problems. What did the trick?

MICHAEL: Well, what really made a change for me was this course I went to together with my mum and dad. Step by step we all changed our eating habits. Now we cook healthy dinners together as
50 often as possible. It's my turn to go shopping to-day – that's why I came here.

JESSICA: Do you follow a special diet?

MICHAEL: I found out that a vegetarian diet suits me best. Lots of fruits and vegetables. And you are a
55 vegan, aren't you?

JESSICA: Yes, that's right. I've been avoiding animal products for a few years now.

PRESENTER: Is there a special reason why you became a vegan?

60 JESSICA: There is. As I said, I live on a farm in the country. Although I always knew that animals are raised to be used as food, I didn't really think about it that much. Until one day, when I was 10, Alfie, my favourite rabbit, suddenly disappeared.
65 I realised what had happened when I saw my mother cooking dinner ...

PRESENTER: And as a 10-year-old you decided to become a vegan?

JESSICA: No, not right away. I stopped eating meat
70 first. And I started to pay more attention to what happened to the animals on the farm. As I got older I became more and more interested in the topic. I didn't go vegan overnight – that was a slow process and it's still going on.

75 PRESENTER: Now let's hear from Chris. What is your food story? Is it that you are a cook and make a living from food?

CHRIS: That's part of it, I guess. But something has changed my mind about food recently. I saw this video on YouTube about wastecooking the other day.

MICHAEL: Cooking waste? Yuck, how awful!

CHRIS: Yes and no. It was about this Austrian guy, a trained cook and food activist who did a tour of
85 Europe. During this tour he only lived on what other people had thrown away. He cooked very creative dishes out of food he found in the waste bins of supermarkets and restaurants. It's unbelievable how much food – food that's perfectly
90 OK! – gets thrown away. I can't stop thinking about this waste. Now I've got this idea to start a similar movement and maybe arrange wastecooking events at our restaurant.

PRESENTER: Why not? There's definitely lots of food
95 in London's dustbins. So that's all from us for now. If you are interested in more food for thought, don't forget to subscribe to my channel!

Aufgaben

1. B

   ✍ *Hinweis: "Today I went out on the streets of London to look for interesting people"* (Z. 2–4)

2. B

   ✍ *Hinweis: "I bribed them into joining me and let everyone choose one food or drink from the market."* (Z. 10–12)

3. C

   ✍ *Hinweis: "Unfortunately, I don't get the chance so often, because I live on my parents' farm in the country."* (Z. 17/18)

4. C

   ✍ *Hinweis: "I would prefer the chocolate cake you have in front of you"* (Z. 29/30)

5. A

   ✍ *Hinweis: "Well, what really made a change for me was this course I went to together with my mum and dad."* (Z. 46–48)

6. A

   ✍ *Hinweis: "I stopped eating meat first."* (Z. 69/70)

7. C

   ✍ *Hinweis: "I saw this video on YouTube about wastecooking the other day."* (Z. 79–81)

8. C

   ✍ *Hinweis: "It's unbelievable how much food – food that's perfectly OK! – gets thrown away. I can't stop thinking about this waste."* (Z. 88–91)

Listening Test 10: Doing without Social Media

HOST: Good evening, ladies and gentlemen. This is Bob Jensen from Radio 4 "Current issues today". Our guests tonight are Jennifer Hackney, a teacher; Dr Stephanie Landau, a school psychologist specialising in social media; and high school student Steven Smith.
Ms Hackney, lots of teachers complain that students today lack basic writing and social skills due to excessive use of social media. Do you agree with this statement?

TEACHER: That is definitely true. The handwriting of the students is getting worse and worse each year and is often illegible. So, I have taken steps to forbid the use of cell phones at school. That way, the students can concentrate on their schoolwork without the constant distraction of their phones going off every 10 seconds.

STUDENT: Sorry to interrupt, but don't you think that is very negative for the students' social media skills, which, I would argue, are just as important in today's world as traditional reading, writing and maths skills? Not only that, but who needs good handwriting when today's communication relies mostly on digital media?

PSYCHOLOGIST: Both of you are partially right. Good handwriting is not as important as it used to be, and social media skills are taking on a larger role in the lives of young people. But there is an increasing percentage of adolescents who are addicted to social media, and that is the real problem. Parents and teachers alike are finding it nearly impossible to get them away from their electronic devices, to the point where the kids are missing meals, appointments and not paying attention in class.

TEACHER: Exactly. This is becoming a crisis in our schools today, and this addiction is beginning at a younger and younger age. Even on the way to school it has become dangerous because students aren't looking where they are going and causing accidents. There was recently a case where a student was seriously injured when he was run over by a car he didn't see because he was busy with his smartphone. He has spent quite a few days in hospital. We teachers have to ensure the children's security and the only way is to ban the use of smartphones during school hours and on the way to school. They simply have to leave their smartphones at home.

STUDENT: I'm sorry, but I have to disagree with you again. By taking away smartphones, you practically condemn kids to become socially isolated, when they simply want to keep in touch with their friends. Furthermore, smartphones have very important uses in school, such as photographing assignments written on the board, or looking up words in an online dictionary or finding any kind of information instantly. Looking for information in a conventional way is simply a waste of time. By blocking smartphones, one is also blocking progress in my opinion.

TEACHER: I know it's easier to write with a spell check programme or look up everything on the Internet, but lots of students aren't even capable of writing a postcard.

STUDENT: But no one even writes postcards these days. That is just an old-fashioned habit that is slowly dying out.

TEACHER: But the bigger problem is that students are addicted to their phones. Have you ever tried not using your smartphone for a period of time? And do you think that would be easy for you?

(beep of a smartphone)

STUDENT: Yes, of course ... Just a moment, I've got to answer this. *(in the background)* Hello?

TEACHER: *(shocked indignation)* See what I mean? Is nothing sacred?

HOST: *(shocked indignation)* Excuse me, Steven, this show is being broadcast live on national radio! You cannot simply answer a phone call in the middle of a talk sh...

PSYCHOLOGIST: I think we all need to calm down here and recognise that the world is changing more radically than we can control it. That is the real issue here. How to deal with the younger generations' need for social media and how to integrate that into the school curriculum and everyday life.

HOST: Yes, let's go back to our main topic, "doing without social media". Is it possible with today's younger generations to unplug and live a nondigital life? Steven, could you do it?

STUDENT: Of course I could, but why should I? In my opinion, many people are simply afraid of new technology because they cannot really handle it. For us young people as digital natives, using our smartphones is just as natural as sitting in the living room and reading the paper is for you. Could you live without your newspapers or evening television? While reading or watching TV, you might also ignore others. So, for me, it's kind of hypocritical to ban the one and be completely okay with the other.

HOST: You might be right, but I've never read my paper instead of doing this show. And I've never crossed the road reading the newspaper, ignoring traffic.

PSYCHOLOGIST: The main problem is that social media is more tempting than print media. You get instant access to any kind of information and you can interact with it. This is what makes it so addictive. The question is how to teach discipline, so that the children will still do their chores and take on their responsibilities. Social media skills are important, but there are other skills just as important that they need to learn to get ahead in life. For instance, there is a growing number of children who can't ride a bike or swim. How to engage children outside of social media is the task of the adults around them. We have to come up with some creative alternatives to divert their interest from social media platforms.

HOST: Very well expressed, Dr Landau. It seems there are two options: Either we forbid the use of smartphones. This may seem like an easy solution, but comes with some unintended consequences, such as not being able to reach your children when you need to. Or, as Dr Landau points out, we adults have to offer more interesting alternatives to engage our children's attention. That's all we have time for today. I want to thank my guests Jennifer Hackney, Dr Stephanie Landau, and Steven Smith for their insights and participation. We will be back again next Tuesday with the topic "Do children still need traditional discipline?". Thanks for listening. Good night.

Aufgaben

1. A
   Hinweis: "So, I have taken steps to forbid the use of cell phones at school." (Z. 13/14)

2. C
   Hinweis: "social media skills ... are just as important in today's world as traditional reading, writing and maths skills" (Z. 19–22); "who needs good handwriting when today's communication relies mostly on digital media?" (Z. 22–24)

3. A
   Hinweis: "But there is an increasing percentage of adolescents who are addicted to social media, and that is the real problem." (Z. 28–31)

4. C
   Hinweis: "Even on the way to school it has become dangerous because students aren't looking where they are going and causing accidents." (Z. 38–41)

5. C
   Hinweis: "smartphones have very important uses in school, such as photographing assignments written on the board, or looking up words in an online dictionary or finding any kind of information instantly." (Z. 54–58)

6. C
   Hinweis: "In my opinion, many people are simply afraid of new technology because they cannot really handle it." (Z. 92–94) Dass Steven mit „many people" vor allem ältere Menschen meint, lässt sich aus dem Zusammenhang erschließen: Der ganze Text behandelt junge Menschen als „digital natives" (vgl. Z. 95)und die Diskussion dreht sich um das Unverständnis, dass gerade ältere Generationen dem technologischen Fortschritt entgegenbringen.

7. A
   Hinweis: "How to engage children outside of social media is the task of the adults around them. We have to come up with some creative alternatives to divert their interest from social media platforms." (Z. 117–121)

8. B
   Hinweis: "It seems there are two options: Either we forbid the use of smartphones. This may seem like an easy solution, but comes with some unintended consequences, such as not being able to reach your children when you need to." (Z. 122–127)

Reading

Allgemeiner Hinweis: In diesem Kapitel wird dein Leseverständnis geprüft. Da du hier die Möglichkeit hast, den Text mehrere Male zu lesen, werden manchmal genauere Details gefragt. Du solltest die Texte also besonders aufmerksam lesen.

Reading Test 1: Labels

Aufgaben

Hinweis: In dieser Aufgabe werden dir mehrere kurze Texte wie z. B. Etiketten vorgelegt. Lasse dich durch unbekanntes Vokabular hier nicht verunsichern; viele Wörter kannst du leicht aus dem Kontext erschließen. Wenn du dir nicht sicher bist, welche Lösung richtig ist, schließe zunächst die Möglichkeiten aus, die definitiv nicht infrage kommen.

1. C

   Hinweis: Hier liefert dir die Anweisung "stir with a wooden spoon occasionally" den Hinweis auf die richtige Lösung – alle anderen Möglichkeiten scheiden aus. A ist nicht richtig, weil nur der Inhalt in einer Pfanne erhitzt werden soll, "do not boil" schließt B aus und „occasionally" widerspricht dem „often" in Antwort D.

2. A

   Hinweis: „not for broken skin"

3. B

   Hinweis: "crumble cube into glass jar"

4. A

   Hinweis: „for adults and children over 12 months old"

5. B

   Hinweis: "electronic chip must be towards the plate"

6. D

   Hinweis: „parking for a maximum of four hours"

Reading Test 2: Short Texts

Aufgaben

Hinweis: Auch bei dieser und der nächsten Aufgabe hilft dir häufig das Ausschlussprinzip. Wichtig ist es, auf Details zu achten und die Texte sehr genau zu lesen, weil oft sehr kleine Unterschiede entscheiden, ob eine Aussage richtig oder falsch ist.

1. B

   Hinweis: "all trains going south will unfortunately be delayed for at least two hours"

2. A

   Hinweis: "Alfredo's Restaurant will be closed from July 23rd to August 14th"

3. C

   Hinweis: "It is an offence to drink alcohol in public places in this area"

4. D

   Hinweis: Das Schild beschreibt das Nummernsystem, mit dem der Zutritt zu den Büros geregelt ist. Allerdings muss man erst eine Nummer ziehen und dann auf einen Aufruf auf dem Bildschirm warten, weshalb B falsch ist. Darüber, ob die Mitarbeiter gerade beschäftigt sind, gibt das Schild keine Auskunft. C ist also ebenfalls falsch.

5. C

   Hinweis: „stopping at Haight Gardens and the village of Lower Brockhampton"

6. C

   Hinweis: "People with a sensitivity to odors (= smells) may want to avoid this area"

Reading Test 3: Job Ads

Aufgaben

1. C

   ✎ *Hinweis: "The work of a private detective requires sharp senses"*

2. B

   ✎ *Hinweis: "You must be ready to work long hours in a hot and very, very busy environment!"*

3. A

   ✎ *Hinweis: "We are looking for young people who have a talent for language"; "we do need people who have a strong command of the English language" Auf den ersten Blick scheint auch D möglich zu sein. Allerdings handelt es sich bei der Zeitung „Bournemouth Weekend" ganz offensichtlich nicht um eine Tageszeitung („daily newspaper").*

4. B

   ✎ *Hinweis: „If you love to have an audience"*

5. A

   ✎ *Hinweis: "Please call Dr. Jim Bradley at 9898 556."*

6. C

   ✎ *Hinweis: „If you have a good telephone manner"*

Reading Test 4: The Royal Theatre

Aufgaben

✎ *Hinweis: Bei dieser Aufgabe ist es wichtig, dass du sowohl die Annoncen für die Theaterstücke als auch die Fragen genau liest, damit du den Vorlieben und Ansprüchen der beschriebenen Personen auch das richtige Theaterstück zuordnen kannst.*

1. C – *Macbeth*

   ✎ *Hinweis:* Macbeth *wurde von Shakespeare verfasst.*

2. A – *Robinson Crusoe*

   ✎ *Hinweis:* Robinson Crusoe *ist das günstigste Theaterstück.*

3. B – *Summer Holiday*

   ✎ *Hinweis:* Summer Holiday *ist das einzige Musical.*

4. B – *Summer Holiday*

   ✎ *Hinweis:* Summer Holiday *handelt von jungen Leuten, die durch Europa reisen.*

5. A – *Robinson Crusoe*

   ✎ *Hinweis:* Macbeth *scheidet aus, weil die Tochter erst 13 ist. Da die Jacksons keine Musicals mögen, bleibt nur* Robinson Crusoe *übrig.*

6. A – *Robinson Crusoe*

   ✎ *Hinweis: Kinder und Großeltern müssen bei* Robinson Crusoe *ein geringeres Eintrittsgeld bezahlen.*

7. C – *Macbeth*

   ✎ *Hinweis: Das einzige Stück ohne Kinder im Publikum ist* Macbeth.

8. A – *Robinson Crusoe*

   ✎ *Hinweis: Die einzige Vorstellung, die vor 22 Uhr zu Ende ist und die auch freitags stattfindet, ist* Robinson Crusoe.

9. B – *Summer Holiday*

   ✎ *Hinweis: In* Summer Holiday *wird Musik der 50er- und 60er-Jahre gespielt.*

Reading Test 5: Dublin Sights

Aufgabe 1

Hinweis: Lies dir zunächst die fünf Texte aufmerksam durch. Sieh dir dann die Bilder an und überlege, welches Bild zu welchem Text passen könnte. Manchmal findest du den entscheidenden Hinweis bereits in der Überschrift des Textes.

Hinweis: Das Bild zeigt eine Einkaufsstraße. Es passt also zur Grafton Street (Text D).

Hinweis: Hier ist Text B die richtige Lösung. Die Überschrift „National Gallery" gibt dir bereits einen Hinweis, ebenso wie die Information, dass man dort die Gemälde alter Meister besichtigen kann.

Hinweis: Dieses Bild passt am besten zu Text E. Darin geht es um das Stadtviertel Temple Bar, in dem es viele Bars und Pubs mit Livemusik gibt.

Hinweis: Hier ist Text C die richtige Lösung. Darin geht es um die bekannte Bibliothek des Trinity College, die mehrere Millionen Bücher (darunter zahlreiche alte Manuskripte) beherbergt.

Hinweis: Dieses Bild zeigt das „Kilmainham Goal", ein bekanntes Gefängnis in Dublin. Es passt zu keinem der fünf Texte.

Hinweis: Da nur in Text A von einer Kirche bzw. Kathedrale die Rede ist, kommt nur dieser Text als Lösung infrage.

Aufgabe 2

Hinweis: Bei dieser Aufgabe musst du die Fragen mithilfe der fünf kurzen Texte beantworten. Als Lösung schreibst du den jeweiligen Buchstaben des Textes, in dem die Antwort steht, in das Kästchen. Manchmal denkst du vielleicht, dass mehrere Texte infrage kommen. Vergleiche dann genau und achte auch auf Details.

a) B

Hinweis: Schlüsselstelle ist hier die Information über den Schriftsteller George Bernard Shaw, der die National Gallery in seinem Testament berücksichtigte: "Since his death the National Gallery has been getting one third of his royalties." Zusammen mit der Worterklärung zu „royalties" wird klar, dass die Galerie einen kleinen Anteil vom Verkaufserlös der Werke Shaws erhält.

b) A

Hinweis: Der entscheidende Hinweis findet sich im zweiten Satz des Textes: "Because of the location on an island in the River Poddle, the cathedral has been damaged by floods several times in the past."

c) E

Hinweis: Um „many different forms of modern art" geht es im Project Arts Centre in Temple Bar. In der National Gallery kann man zwar auch Kunstwerke ansehen, im Text ist aber nicht ausdrücklich von moderner Kunst die Rede und auch „different forms of art" passt nicht zu diesem Text.

d) E

Hinweis: Sowohl in Text A als auch in Text E kommen Flüsse vor. Allerdings ist der Fluss Poddle heutzutage nicht mehr zu sehen, da er unterirdisch fließt. Es passt also nur Temple Bar, welches „on the south bank of the river Liffey" zu finden ist.

e) C

Hinweis: Die Antwort findest du am Ende von Text C. Hier wird beschrieben, dass die Trinity College Library eine „copyright library" ist und von jedem Werk, das in Irland veröffentlicht wird, ein kostenloses Exemplar bekommt. Die Bibliothek muss also irische Werke nicht selbst kaufen.

f) D

Hinweis: Dieser Satz lässt sich eindeutig der Grafton Street zuordnen ("It is situated between College Green in the north and St. Stephen's Green in the south.").

Aufgabe 3

Hinweis: Bei dieser Aufgabe musst du fünf jungen Leuten eine Dubliner Sehenswürdigkeit zuordnen. Auch wenn es manchmal so scheint, als würden zu einer Person mehrere Sehenswürdigkeiten passen, gibt es immer nur eine Lösung, bei der alles abgedeckt ist, was dieser Person wichtig ist.

a) D

Hinweis: "what she loves most is discovering the shopping scene in a city. She loves small shops where she can spot new trends, but she does not mind big shopping streets either."
→ D: "If you have time for a little shopping tour, the perfect destination for you is Grafton Street."; "On one of the world's most expensive shopping streets, you can find stores from global chains as well as iconic Irish businesses"

b) E

Hinweis: "modern Irish culture and art"; "he wouldn't mind getting to know the Irish pub culture either"
→ E: "It is famous for its lively nightlife in the numerous bars, restaurants and nightclubs."; "Temple Bar also attracts people interested in all kinds of modern art"

c) C

Hinweis: "one of Ireland's most famous pieces of art. She does not even mind if she has to stand in a queue for an hour to see it."
→ C: "Hundreds of thousands of tourists queue up to see the world-famous 'Book of Kells' every year"

d) D

Hinweis: "either by taking home authentic souvenirs or by photographing the city's typical architecture."
→ D: "iconic Irish businesses where you will find the perfect souvenirs of your trip."; "you can simply admire the various buildings in Grafton Street, which also make for a great photo motif."

e) A

Hinweis: "visit his favourite author's grave in Dublin."
→ A: "Jonathan Swift, the famous author of Gulliver's Travels, *is buried in the cathedral."*

Reading Test 6: Adverts

Aufgaben

Hinweis: Lies die Anzeigen und die Beschreibungen zu den einzelnen Personen genau. Entscheide dann, wer sich für welche Anzeige interessieren könnte. Du kannst für jede Person zwei Anzeigen auswählen und Anzeigen auch mehr als einmal verwenden.

1./2. D, E

Hinweis: "She enjoys drawing, especially sketches for stylish new outfits."; "She lives near the sea and often watches people having fun on it."

→ *D: "You design and we make."*

→ *E: "On the water: kayaking, sailing, windsurfing, surfing"*

3./4. A, B

Hinweis: „something really special"; „wants to learn to drive"; „doing some voluntary work abroad"

→ *A: "We need energetic and friendly young people to help with projects in an African village."*

→ *B: "Learn to drive in 14 days"*

5./6. A, E

Hinweis: "Mark is a real sports fanatic. He's fit and fun loving."; "would like to do something for a short time away from home – perhaps half a year working somewhere very different."

→ *A: "We need energetic and friendly young people to help with projects in an African village."; "1st August – 1st March"*

→ *E: Anzeige E bietet sehr viele verschiedene Sportarten an, spricht einen Sportfanatiker wie Mark also sicher an.*

7./8. C, E

Hinweis: "If she wants to do something, she will."; "She loves music technology and meeting new people."; "She plays many sports and drives a fast car."

→ *C: "a leading record company. Learn about the music business, meet the names and make contacts."; "YOU make the effort, we give you the chance."*

→ *E: Die zahlreichen, teilweise auch abenteuerlichen Sportarten sind für Jane interessant.*

9./10. D, E

Hinweis: "Conor often tells his sisters what they should wear. They love his cool ideas."; "He also wants to go on holiday with his girlfriend … Everything always sounds so boring."

→ *D: "Design your own clothes"*

→ *E: "Quiet or loud, lazy or active – we have something for everyone."*

Reading Test 7: People and Books

Aufgaben

Hinweis: Hier musst du Übereinstimmungen zwischen den Interessen der beschriebenen Personen und den genannten Büchern finden. Du sollst jeder Person zwei Bücher zuordnen. Manche Bücher passen zu mehr als einer Person.

1./2. B, E

Hinweis: "She doesn't read much fiction"; "She goes on holiday a lot and especially likes roadtrips."; "But she is also a person who likes to learn how to do something herself."

→ *B: "Bill and Daisy decide to travel the most famous highway in the world, Route 66."; "Read the true story"*

→ *E: "It gives a lot of tips and advice and is perfect for both passionate gardeners and those who want to become one."*

3./4. D, G

Hinweis: "She prefers stories about historical events, but not about real people's lives."

→ *D: "Although the story is fictional, suffering with Jerome and his people will give you an insight into America's cruel past."*

→ *G: "Read this story of an unlikely friendship and explore a Britain of almost 2,000 years ago."*

5./6. B, D

Hinweis: "she wants to go to America, hire a car, and travel from one side to the other … she reads books that make her dream about her big journey."; "She is also interested in everything else related to her favourite country."

→ B: *Schon der Titel des Buches, „Route 66", zeigt dir, dass das Buch für Freya, die einen Amerikatrip geplant hat, gut geeignet ist.*

→ D: *"will give you an insight into America's cruel past."*

7./8. C, F

Hinweis: "Ryan does not enjoy stories about the past or other people's lives. He prefers fantasy or ghost stories which give him goosebumps and are so exciting that he cannot put them down."

→ C: *"Let this mysterious story captivate you from page 1."*

→ F: *"This book might not be realistic, but it tells an exciting story with a frightening ending."*

9./10. A, E

Hinweis: "For her, a book with several separate stories or chapters would be perfect."; "her family has a small garden ... where she loves working"

→ A: *"This book contains several true stories of those brave people who sailed all over the world."*

→ E: *"This book shows you how you can make your garden look great in 20 short chapters. It ... is perfect for ... passionate gardeners"*

Reading Test 8: "We May Be 'Born Free', but ..."

Aufgabe 1

Hinweis: Sieh dir die einzelnen Statements genau an und überlege, welche Wörter darin am wichtigsten sind. Gehe dann den Text durch und suche auch dort nach diesen Schlüsselwörtern. Oft wirst du nicht genau dieselben Wörter, sondern Synonyme dazu im Text finden. Markiere diese Textstellen farbig, dann findest du sie schneller wieder, wenn du deine Antwort später noch einmal überprüfen möchtest. Wenn du keine Textstelle markieren kannst, ist dies ein Zeichen dafür, dass „not in the text" die richtige Lösung ist.

a) false

Hinweis: Unter „born frees" versteht man die Generation von Südafrikanern, die nach 1994 geboren wurden. Als „frei" werden sie bezeichnet, weil sie die Zeit der Rassentrennung (Apartheid) nicht mehr selbst miterlebt haben (vgl. Z. 1–9).

b) true

Hinweis: Die Nachfahren von Briten und Niederländern genossen zahlreiche Privilegien, während die nicht-weiße Bevölkerung systematisch unterdrückt wurde (vgl. Z. 16–22).

c) true

Hinweis: Im Apartheidregime versuchte man, weiße und nicht-weiße Menschen auch räumlich zu trennen, u. a. durch die Einrichtung sogenannter „homelands" (vgl. Z. 22–26).

d) false

Hinweis: Mbalis Eltern und Großeltern haben ihr schon oft von der Zeit der Apartheid erzählt (vgl. Z. 37–39).

e) true

Hinweis: In den Zeilen 58 bis 68 findest du die relevanten Informationen: Schwarze Menschen werden immer noch aufgrund ihrer Hautfarbe benachteiligt. Auch Mbali ist dieser Meinung: "the old inequalities are still in place." (Z. 66–68)

f) not in the text

Hinweis: In den Zeilen 70 bis 81 geht es zwar um HIV/AIDS, es wird jedoch nichts darüber ausgesagt, ob es in Südafrika mehr HIV-positive Menschen gibt als in anderen Ländern der Welt.

g) true

Hinweis: Auf die Frage, ob sie je darüber nachgedacht hat, ihr Land zu verlassen (= „emigration"), antwortet Mbali: „no, never" (Z. 91/92).

Aufgabe 2

a) C

Hinweis: "They are the first generation to grow up in a free and democratic society, the first who no longer experienced the system of racial segregation that had characterised South Africa for almost half a century." (Z. 4–9)

b) C

Hinweis: "[The non-white groups] were forced to live in particular areas called 'homelands'. These territories, also called 'Bantustans', took up only 13 % of South Africa's territory, which left 87 % of the land for white people." (Z. 24–30)

c) D

Hinweis: "which has led some of the older generation to think of the 'born frees' as spoiled or naive … Yet today's youngsters have to cope with problems of their own." (Z. 45–53); "Many of my friends are unemployed, there simply aren't enough jobs" (Z. 54/55); "If you ask me, our politicians are all corrupt." (Z. 86/87)

d) B

Hinweis: "suffer not only from insufficient medical treatment but also from social stigmatisation." (Z. 75–78)

e) A

Hinweis: "I live in the most beautiful country in the world … We may be 'born free', but there's still a lot for us to do in this society." (Z. 92–97)

Aufgabe 3

Hinweis: Sieh dir die Personen und Personengruppen (❶–❹) und die Informationen in den Satzenden (A–G), die du den Personen zuordnen sollst, genau an. Manchmal kannst du ein Satzende schon aus sprachlichen Gründen ausschließen, weil z. B. „their" nur zu einer Gruppe von Personen passen kann und „her" nur zu einer Frau. Drei Satzenden bleiben hier übrig, sie passen zu keiner Person/Gruppe.

❶	❷	❸	❹
G	C	F	A

Hinweis:
zu ❶: Die Generation, die nach Ende des Apartheidregimes geboren wurde (die „born frees"), ist mit demokratischen Prinzipien, wie dem Wahlrecht oder dem Recht sich frei zu bewegen, aufgewachsen (vgl. Z. 40–43). Information B passt nicht, da die „old inequalities" (Z. 66/67) noch immer bestehen und somit auch diese Generation noch für ihre Rechte kämpfen muss (vgl. Z. 96/97: "there's still a lot for us to do in this society.").

zu ❷: Die ethnische Gruppe der „coloured", auf die sich „mixed ethnic background" bezieht, gehörte zu den Volksgruppen, die während des Apartheidregimes unterdrückt wurden (vgl. Z. 12–22).

zu ❸: Mbali gehört zur Generation der „born frees", die die Zeit der Apartheid nur aus Erzählungen kennt (vgl. Z. 37–40). Information F passt inhaltlich zwar auch zu ❶, durch „her" lässt sie sich aber nur mit einem Subjekt im Singular verbinden und kann daher nur ❸ zugeordnet werden. Zum Thema Auswanderung (vgl. D: „emigrating") äußert sich Mbali ebenfalls – sie will ihr Land aber nicht verlassen; daher passt auch D nicht zu Mbali.

zu ❹: Mbali hält die Politiker in ihrem Land für korrupt (vgl. Z. 86–88) und kritisiert, dass sie nicht genug gegen die Missstände in ihrem Land tun. Information E trifft also laut Mbali nicht auf die Politiker in Südafrika zu.

Reading Test 9: Young Refugees Learn about U.S. on the Soccer Field

Aufgabe 1

a) C

Hinweis: "so they just ended up in Thailand. And then I was born." (Z. 15–17)

b) B

Hinweis: "one of the coaches has tutored him and his younger brothers since the family arrived." (Z. 37–39)

c) A

Hinweis: "I love it here, because I've got a better chance to get a better education, and get to play more soccer, without worrying about gunshots" (Z. 52–55)

d) B

Hinweis: "Alondra Ruiz will spend the next few hours dropping off the same teenagers she picked up earlier in the evening." (Z. 63–65)

e) C

Hinweis: "Ruiz counts players from at least 24 countries in the club's history." (Z. 95–97)

f) A

Hinweis: "For Zara Doukoum, that variety is why she joined ... Her teammates and coaches give her a sense of community that goes beyond what she has in school" (Z. 98–104)

g) D

Hinweis: "she arrived from Gabon, a country in central Africa, where she was born after her family fled from Chad." (Z. 99–102); "it will be four years since she arrived in Phoenix with her mother and three actual sisters." (Z. 115–117) Da Zara mittlerweile 17 Jahre alt ist (vgl. Z. 1), kannst du dir ausrechnen, dass sie nur bis zu ihrem 13. Lebensjahr in Afrika gelebt hat.

h) D

Hinweis: "'If that doesn't work for me, I see myself just helping around, giving back to the community the way people give to me'" (Z. 121–124)

i) B

Hinweis: Diese Frage bezieht sich auf den ganzen Text und für Aussage B lassen sich mehrere Belegstellen finden (z. B. "The soccer club helped him make friends and navigate his new life in Arizona", Z. 22–24; "'We are stronger than what you guys think we are'", Z. 133/134). Für alle anderen Antworten (A, C, D) gibt es keine eindeutigen Beweise im Text.

Aufgabe 2

Hinweis: Bei dieser Aufgabe sollst du zu den Personen bzw. dem Fußballclub jeweils eine passende Aussage finden. Gehe den Text der Reihe nach für jede Person bzw. den Verein durch und lies noch einmal, was zu ihm bzw. ihr gesagt wird. Du solltest deine Zuordnung mit einer oder mehreren Textstellen „beweisen" können, auch wenn die Aufgabe nicht von dir verlangt, dass du diese Textstellen angibst. Manchmal passen evtl. mehrere Zuordnungen, dann musst du im Ausschlussverfahren vorgehen.

a) Win La Bar **C**

Hinweis: In den Zeilen 52 bis 55 äußert sich Win über die Chancen, die er in seiner neuen Heimat hat.

b) North Phoenix Christian Soccer Club **F**

Hinweis: Die Angebote des Fußballclubs, der den Flüchtlingskindern neben Fußballtraining auch Hilfe bei der Orientierung in der neuen Umgebung bietet (vgl. Z. 22–28; Z. 36–39), kann man als eine Art Integrationsprogramm ansehen. Es wird zwar erwähnt, dass Win sehr gute Noten in der Schule hat und dass der Coach ihm Nachhilfe gegeben hat (vgl. Z. 37–40), das wichtigste Ziel des Fußballclubs ist dies aber nicht, weshalb A nicht passt.

c) Alondra Ruiz **D**

Hinweis: In den Zeilen 75 bis 83 erfährt man, dass Alondra Ruiz selbst in die USA eingewandert ist und sich deshalb sehr gut mit den Kindern identifizieren kann.

d) Zara Doukoum **B**

Hinweis: Hier musst du im Ausschlussverfahren vorgehen. Zu Zara passt sowohl Aussage B als auch C. Aussage C passt auch zu Win, Aussage B kann aber nur von Zara kommen, die schon bald die Schule beenden wird (vgl. Z. 111/112).

Reading Test 10: Boot Camps for Teenagers

Aufgabe 1

a) D

Hinweis: "One approach taken in the US since the early 1980s, first in the states of Georgia and Oklahoma, is the use of so-called boot camps." (Z. 7–10)

b) B

Hinweis: "With the goal of enforcing the patterns of behaviour required by the military – unthinking obedience to superiors, enormous tolerance for stress, absolute familiarity with military equipment and procedures" (Z. 14–19)

c) C

Hinweis: "The sentences can range from 90 to 180 days." (Z. 40/41)

d) A

Hinweis: "Youths can land in boot camp if they choose it instead of a prison sentence ... It is also possible for parents to send their children ... to boot camp ... – even if they haven't been convicted of a crime." (Z. 41–50)

e) B

Hinweis: "Following waves of criticism, many boot camps now also offer extra activities." (Z. 60–62)

f) D

Hinweis: "The stated goals of the boot camp system in changing the youths' behaviour – to deter, and to reduce recidivism – have so far not been proved to be successful by any studies of the system." (Z. 68–72)

g) D

Hinweis: "a system that is totally fixated on strict rules will develop, at best, obedience; but also frustration, anger, resentment, violent and uncontrolllable temper, low self-esteem and, of course, aggression? These would seem to be exactly the behaviour patterns which lead young people to commit crimes in the first place." (Z. 90–98)

h) C

Hinweis: "Canadian authorities have been studying their neighbours' efforts in this field for some time." (Z. 99–101); "The Canadian approach has a far lower rate of recidivism" (Z. 109–111)

i) C

Hinweis: Hier kannst du die richtige Lösung durch Kenntnis des Gesamttextes sowie durch Ausschließen der falschen Antwortmöglichkeiten finden. Um „wilderness camps" geht es nur im letzten Abschnitt (vgl. Z. 99–112). Man kann also nicht davon sprechen, dass der ganze Text diese genauer untersucht oder dem amerikanischen System gegenüberstellt, womit A und B als Lösungen wegfallen. Von Bootcamps in Europa ist im Text nie die Rede, also fällt auch Antwort D weg. Es bleibt also nur C übrig, welches in seiner allgemeinen Aussage auch gut zu dem informativen Text passt.

Aufgabe 2

Hinweis: Hier must du die passende Zusammenfassung des Textes auswählen. Auch wenn auf den ersten Blick alle drei Zusammenfassungen Richtiges zu beinhalten scheinen, musst du die Texte sehr gründlich lesen und mit dem Artikel vergleichen, um Unstimmigkeiten auszumachen.

☑ Paul

Hinweis: Sowohl in Lukes als auch in Emmas Text gibt es Aussagen, die eindeutig falsch sind. Luke schreibt z. B., das Bootcamp-System stamme aus Kanada und auch die Ziele des Systems, die er aufzählt, werden so nicht im Text genannt. Emmas Aussage darüber, wo Bootcamps erlaubt bzw. verboten sind, ist ebenso falsch wie die Behauptung, man könne für 18 Monate in ein Bootcamp geschickt werden. Es bleibt also nur Pauls Zusammenfassung, in der sich keine Fehler finden.

Writing and Mediation

✎ *Allgemeiner Hinweis: Für das gesamte Kapitel „Writing and Mediation" ist es wichtig, dass du die Strategien zum Verfassen eines Textes auf Seite 78 ff. genau durchliest und dementsprechend vorgehst. Wenn du diese Punkte berücksichtigst, wird es dir nicht mehr schwerfallen, einen guten Text zu schreiben. Die folgenden Lösungen sind Beispiellösungen.*

Writing Test 1: Caber Tossing

✎ *Hinweis: Für diese und die folgenden beiden Aufgaben sollst du jeweils eine kurze Chatnachricht zu einem Bild verfassen. Wichtig ist, dass du alle vorgegebenen Fragen beantwortest und deine Lösung zum Bild passt. Du musst nicht genau wissen, was auf dem Bild dargestellt ist, Hauptsache, deine Antwort ist in sich stimmig.*

I took this photo when I was in Scotland, at the Highland Games, with my uncle. The sportsmen there wear traditional Scottish clothing. This sport is called "caber tossing". The athletes throw a tree-trunk as far as possible. I've never tried. Even my uncle said it would break his back if he did.

Writing Test 2: Shark Diving

We were in Australia snorkeling. There was another cage near us and we took photos of each other. It was scary at first but when you realise you're quite safe, you start to enjoy being so close to the sharks. It's only dangerous if you climb out, or put your arm outside to feed the sharks :-) !

Writing Test 3: Silent Disco

It's a silent disco, where you don't hear anything until you get headphones. Then you can turn up the music, but if you want to talk to somebody, you needn't scream, just take off your headphones. Dancing alone at home would be boring, while here you can both dance with and talk to people.

Writing Test 4: Taking Part in a Talent Show

✎ *Hinweis: Bei dieser und den folgenden beiden Aufgaben musst du auf einen Beitrag in einem Online-Forum antworten. Markiere zunächst alle Fragen des Verfassers/der Verfasserin, und mache dir Notizen. Danach kannst du mit dem Ausformulieren beginnen. In deiner Einleitung sprichst du den Verfasser zunächst direkt an und erwähnst ggf. kurz das Thema des Beitrags. Anschließend beantwortest du alle gestellten Fragen. Achte darauf, die verschiedenen Aspekte logisch miteinander zu verknüpfen. Zum Schluss solltest du nicht vergessen, dich zu verabschieden und deinen Namen unter den Text zu setzen.*

Hi TrueFriend,

I understand why you have doubts about your friend's plan. First of all, I think you need really good nerves to present yourself on TV, knowing that millions of people are watching. Often, the comments of the jury are not really nice and some people are made to look very silly in such shows. What's more, even the winners are often famous for just a few months, and then no one ever hears from them again.
However, there are some singers who have actually become very successful thanks to talent shows. You know your friend the best – is she a very good singer and does she have enough self-confidence to cope with negative reactions, too? Then I think I would encourage her to take part, but in one of the better shows (that focus more on the music and less on the candidate's appearance or private life). If she is not the kind of person who likes to be in public at all, I would probably advise her not to do it.
Hope that helps!

Best wishes,
Fiona

Writing Test 5: Tattoo

Hello CoolGuy,

I find tattoos really beautiful, too, although I don't have one myself. I asked my parents once whether they would allow me to get one. I tried to convince them that a tattoo would be a good way to express my personality and that quite a few people have one nowadays. However, the answer was the same as in your case: no! At first I was really angry with them for being so strict. Now I understand their position a little better. I did an internship some months ago and a woman in that company told me that they wouldn't hire someone with a visible tattoo (I don't know whether that's legal, but that's what she said). And of course, you don't know how your skin will react to the colour, you can't be sure that you'll still like your tattoo when you're older, it's very difficult to remove, and so on. For me it's okay not to have a tattoo at the moment, but I might change my mind when I'm 18 and can decide myself. ☺

All the best,
Sven

Writing Test 6: Rail Adventure

Hi OnMyWay,

I understand why you're frustrated – I would be, too. I imagine that your parents are concerned that you might not get an apprenticeship, or that you'll waste too much time before you get a job. Maybe they're also a bit worried because you're travelling only with a friend for such a long time (although they probably wouldn't admit that).

I would try to show them that the time you spend travelling is definitely not wasted. You will learn how to make yourself understood in different languages, find your way in different environments, come into contact with people – all those are qualities that will be useful for your future job as well. If that's not enough to convince them, maybe you can find a compromise. For example, you could do volunteer work abroad or "work and travel". In this way, you can gain some work experience and see different countries at the same time.

Yours,
Melinda

Writing Test 7: Mediation – Karneval der Kulturen

Hinweis: Bei dieser Aufgabe sollst du den deutschen Artikel in einen englischen übertragen. Wichtig ist dabei, dass du die Aufgabenstellung genau liest, da du in deinem englischen Text nur bestimmte Aspekte der Vorlage behandeln sollst. Dein Text wird also kürzer ausfallen als das Original. Denke daran, deinem Artikel eine passende Überschrift zu geben und gegebenenfalls kulturspezifische, für ausländische Leser/-innen unklare Begriffe zu umschreiben.

Partying against racism

The "Karneval der Kulturen" (Carnival of Cultures) is one of the biggest open air events in Berlin that yearly celebrates the city's diversity and multiculturalism. It started in the 1990s as a reaction to increasing nationalism and racism in Germany. While these problems have not been completely overcome yet, the festival presents Berlin as a city which is colourful, dynamic and open-minded.

Meanwhile the Carnival of Cultures has been celebrated for over 20 years, since 1996. It takes place each year around Whitsunday in Berlin-Kreuzberg, a quarter of the city known for its diversity.

During the festival, people can see colourful costumes and performances of different cultures. On the one hand, there is a street festival where about 400 stands offer food, arts and crafts from around the world. Additionally, there are special offers for children and many stages where world music is performed.

The festival's highlight, however, is the parade which takes place on Whitsunday. Then, about 4,700 participants from 80 different nations walk the streets of Germany's capital and their costumes and dances impress both a jury, who awards a prize for the most creative performances, and up to 1,000,000 visitors who see the spectacle each year.

Writing Test 8: Mediation – Hotel ohne Grenzen

Hinweis: Hier solltest du beachten, für welchen Zweck du deinen Text anfertigst. Du schreibst eine E-Mail an eine amerikanische Freundin, um ihr bei einem Projekt zu helfen. Geh also auf ihre Bitten ein und sprich sie direkt an. Bei der Zusammenfassung des Artikels ist es wichtig, sich an die vorgegebenen Aspekte zu halten.

Dear Sally,

How are you? The project you have told me about sounds interesting. I have found an article about a so-called integration hotel in Berlin and will summarise it for you.
Near the former Berlin Wall there is a hotel where mainly handicapped people work. It is called "Hotel Grenzfall", which is hard to translate. It refers both to the fall of the Berlin Wall, and to a breakdown of barriers between disabled and non-disabled people. The basic idea was to found a hotel where these two groups can both work and be the guests.
The first European hotel of that kind opened in Hamburg in 1993 and nowadays there are more than 30 integration hotels in Germany. The "Hotel Grenzfall" in Berlin opened in August 2010 in a former retirement home that was going out of business. It is financed through a church-based non-profit organisation and the charity organisation "Aktion Mensch" that has supported the project with 250,000 euros. Being a non-profit organisation, the owners of the hotel pay fair wages to everyone, including the handicapped people who are employed as kitchen help or cleaning staff, jobs which other hotels often outsource to lower their costs.
I hope that is helpful for your work. If you need any more information, do not hesitate to ask. I'm looking forward to your next email.

Best wishes,
Lisa

Writing Test 9: Mediation – Street-Art in Berlin

Hinweis: Hier musst du einem deutschen Text Kerninformationen entnehmen und diese sinngemäß auf Englisch in einer persönlichen E-Mail wiedergeben. Gehe dabei auf alle in der Angabe genannten Aspekte ein.

Hello Sam,

How are you? In your last email you wanted to know whether I could tell you something about street art in Berlin. You're lucky – I found an article with some interesting facts about the topic.
The first graffiti in West Berlin appeared in the 1970s. In the beginning, street art was mainly used by punks and other groups who didn't belong to the mainstream of society, such as Turkish migrants. With their graffiti, the artists often wanted to express political messages, for example on the western side of the Berlin Wall.
In West Berlin, street art was even supported by the government because graffiti could be used to cover war damages on buildings. There was also street art in East Berlin, for example on apartment blocks. However, street artists in socialist Eastern Germany weren't free to choose their style or express their political opinion.
After the fall of the Berlin Wall, street artists from West and East Berlin worked together, and a lot of international street artists came to the city. They painted the East Side Gallery, for example, the biggest part which remains of the Berlin Wall. In 2006, Berlin was awarded the title "City of Design" by UNESCO.
Today, street art is becoming popular again although it has even been seen as a criminal offence. However, street art is getting more and more commercialised, and there is less graffiti with political or critical messages.
That's what I can tell you about street art in Berlin for now. I hope I could help you a bit! If you need some more information, just write to me.

Best wishes,
Patricia

Writing Test 10: Mediation – Opportunities Abroad

Hinweis: Bei dieser Aufgabe hast du zwei Texte zur Auswahl, von denen du nur einen bearbeiten must. Lies dir zunächst beide Texte durch und wähle denjenigen aus, zu dem du leichter auf Englisch Stellung nehmen kannst. Die Beispiellösungen hier sind etwas ausführlicher als im MSA/in der eBBR erforderlich. In der Prüfung wäre es ausreichend, wenn du vier oder fünf Aspekte aufführst. Sie sollten jedoch stets zu der vorgegebenen Situation passen. Achte also darauf, die für deine Freundin Lilian relevanten Informationen auszuwählen und sie in einer passenden Sprache darzustellen.

Beispiellösung zu www.aupair-host.org:

Hi Lilian,

What a great idea to go abroad after finishing school! As to your question what you could do there, I have found a website that might interest you:
Aupair-host.org is an internet platform where young people can find offers for au pair jobs all over the world. Ben (19) from Berlin made his dream come true by going to Canada as an au pair for one year. Ben is very fond of children and wanted to take a year off after his exams. On the website www.aupair-host.org he discovered a job offer from the Reynolds family from Vancouver who were looking for an au pair to take care of their two children, dog, and house by the Fraser River. He contacted them and, as the chemistry was right, left for Vancouver only one month later. For Ben, the year was the happiest time in his life. His host family was extremely nice and he grew very fond of their two children. Moreover, he says that he has learnt a lot for his future life, e. g. how to prepare meals, do the housework, and communicate in English. Every now and then he was able to take a couple of days off from work in order to travel around British Columbia and visit Vancouver Island or the Rocky Mountains, for example.
Doesn't that sound great? Could you imagine working as an au pair as well?
I'm looking forward to hearing about your decision.

Love,
Felicia

Beispiellösung zu Berlin School of Tourism:

Hi Lilian,

What a great idea to go abroad after finishing school! As to your question what you could do there, I have found a website that might interest you:
The Berlin School of Tourism offers vocational training for people seeking to become international tourist assistants. Part of their training consists of a six-month internship abroad in order to improve their language skills and intercultural competence. Lisa, for example, chose Portugal as her destination because she has always been fascinated by the country. After four weeks of sightseeing and doing a language course in Lisbon, she started work in a hotel in the Algarve. Although she had to get used to the new schedule and foreign language at first, she quickly managed to find her way around. The internship allowed her to get to know different areas of the hotel business, from working in the restaurant to being at the reception or entertaining guests. She enjoys being in close contact with the vacationers and enabling them to have a wonderful holiday. After finishing her training, Lisa could very well imagine working as a tourist entertainer, e. g. on a cruise ship.
As you can see, you could combine your journey abroad with starting a professional career. Wouldn't studying tourism be interesting for you? Maybe you could come to that school in Berlin, then we could meet up.

Love,
Felicia

Mündliche Prüfung

Aufgabe 1

You could discuss the following:
- what each picture shows
- your reactions to the pictures
- whether the pictures have got the right size/ format for the wall
- which pictures would be suitable for a café
- whether you would prefer a picture by a famous artist or something "hand-made" by the pupils
- whether you have any other suggestions – e. g. a photo wall, a sculpture, changing works of art by different pupils from your school, etc.
- how you are going to decide – vote

Aufgabe 2

You could discuss the following:
- the importance of each charity – the advantages and disadvantages
- whether it's better to help locally or globally
- the possibility of dividing the money
- how you feel about each charity and your reasons
- try to come to a decision
- other ideas

Aufgabe 3

You could discuss the following:
- what the aim is
- a clear concept of what people in the future will find interesting
- archaeology and history – what is characteristic of our society
- whether you have been interested in, for example, Romans and what made them interesting
- the reasons for and against each object: e. g., money shows how society works, it also shows dates, rulers, famous places, symbols, inscriptions – however, paper money will rot
- how you feel about each object: e. g. a plastic bag might seem trivial but tells a lot about our way of living
- any other ideas you may have
- how to come to a decision

Aufgabe 4

Candidate A

My photograph shows:
- a coastal scene somewhere exotic – Asia, Caribbean island
- palm trees on sandy shore line
- people, maybe fishermen, in the water with simple boats
- a warm and sunny place
- a quiet place, no other people
- a relaxing environment
- a place I would (not) like to go to because ...

Candidate B

My photograph shows:
- a snowy landscape of mountains
- a group of 7 people crossing a flat area on skis
- skiers with bags on their backs
- not normal cross-country skiers
- a very lonely and cold place
- an uninviting environment
- a place for winter sports
- somewhere I would (not) like to be because ...

Gespräch über „holidays“
- where you like spending your holidays
- why you like this
- what you like to do on your holidays
- whether there is a difference in what you want to do and other people in your family
- how you decide where to go on holiday
- whether or not you would rather go with friends or family
- what types of holiday are not fun and your reasons

Aufgabe 5

Candidate A

My photograph shows:
- a typical zoo scene
- an African elephant
- people feeding the elephant (perhaps this should not happen)
- many people
- people with families and small children
- a man photographing the animals
- the zoo in a nice area / lots of trees around it
- people dressed in warm clothes
- (maybe include your feelings about zoos)

Candidate B

My photograph shows:
- a scene at the coast / harbour
- many people / families / young children
- two people sitting in fold-up chairs / one looking through binoculars
- families which seem to be fishing
- many signs around for trips
- a holiday area / a favourite area for people to visit
- cars parked on the harbour edge
- trees and a few houses in the background
- the weather is not too nice but warm – people in shorts

Gespräch über „free time" und „childhood"
- sports / clubs / listening to music / meeting friends / cinema / hobbies
- things you do as a family: trips out / seeing places
- how you and your parents differ, e. g. they want to relax, you want action
- childhood memories of doing something on holiday or on a day out – skiing / seeing the sea / for the first time / going to a favourite place

Aufgabe 6

Candidate A

My photograph shows:
- a city scene
- a pleasant city – not dirty or noisy
- a river and houses or flats on the far side
- tall skyscrapers in the background – flats or offices
- tall buildings which look like a centre
- a nice area to live
- a modern environment
- few trees
- everything is built up

Candidate B

My photograph shows:
- a typical countryside scene
- a herd of cows in a field
- cows grazing
- a small river flowing through the field
- behind the field there are bushes and trees and maybe more fields after that
- the land is very flat
- there are no people or buildings
- it is very peaceful

Gespräch über „the environment where you live and where you would like to live"
- city living: lots to do and see, exciting, shops, cinemas, dirty, noise, overcrowded, crime, vandalism
- country living: quiet, pleasant, no much to do, difficult to travel, few friends, less crime, clean
- live in a flat / house near a park, nice, lots to do near me, buses to see friends, can cycle safely
- would like to live by the sea, swim, fish, fresh air, relaxing

Schriftliche Prüfung MSA und eBBR, Berlin/Brandenburg, Englisch 2019

Listening Part 1: Voicemail Messages

Message One

1 *(teasing)* Alright Superman! I mean, are you for real? This is ridiculous! I'm so jealous! I mean, you're even good at arts? Come on! *(neutral tone)* I thought mine was alright, but compared to yours ... Phew – I'm so 5 proud of you! And I'll make sure I'll sit next to you in 6th form. See you later Superman.

1. D

✎ *Hinweis: Dass es um jemanden geht, der sehr erfolgreich abgeschnitten hat, zeigt die ganze Ausdrucksweise der Nachricht. Der schulische Kontext wird dann vor allem in den folgenden Sätzen deutlich: "you're even good at arts? ... I thought mine was alright, but compared to yours ..." (Z. 2–4); "I'll sit next to you in 6th form." (Z. 5/6)*

Message Two

1 My Gosh, I can't believe it! Where has she been these last few years? She looks so different now. Like, she always used to have a ponytail, but her hair looks really cool worn loose like that. She must be straigh-5 tening it, because wasn't it quite wavy before? It's really long now and I love the jacket with all the buttons. Well, did you get her number? I'd love to meet up, all three of us.

2. C

✎ *Hinweis: "she always used to have a ponytail, but her hair looks really cool worn loose like that. She must be straightening it, because wasn't it quite wavy before? It's really long now and I love the jacket with all the buttons." (Z. 2–7) Auf dem Bild, das du suchst, muss also ein Mädchen mit offenen, langen und glatten Haaren zu sehen sein, das außerdem eine Jacke mit Knöpfen trägt.*

Message Three

1 This is what you wanna do? Naah – I'm out. I'm definitely up for something later, but I've already been sitting indoors all day. So I really feel like I need to go outside and see some sunlight. You know, do some 5 real exercise that involves more than just using my thumbs. So, if you're up for some <u>non</u>-virtual action, I'm happy to meet up later.

*3. C

✎ *Hinweis: "I really feel like I need to go outside and see some sunlight. You know, do some real exercise that involves more than just using my thumbs." (Z. 3–6) Der Sprecher betont, dass er „<u>non</u>-virtual action" (Z. 6) will. Also reagiert er mit Ablehnung auf ein Bild, welches das Gegenteil, nämlich „virtual action", darstellt.*

Message Four

1 Wow, how cool is that? I didn't know you were going to see them. How did you get the tickets? I thought it had been completely sold out for weeks!? What a lucky guy you are, I'm so freaking jealous. I 5 hope you had good seats in the centre of the hall. The sound there is just fantastic. Who did you go with, by the way? I bet you took that cute girl from your history class you've been on about for such a long time. Well, next time don't forget to ask me. You 10 know how much I love those guys; can't stop playing their latest album.

4. B

✎ *Hinweis: "The sound there is just fantastic." (Z. 5/6); "I love those guys; can't stop playing their latest album." (Z. 10/11)*

Listening Part 2: Radio Ads

Ad 1: Buying music

1 In the past, when a musician or band recorded a song, people would buy it. Today, many music lovers refuse to pay anything to own a new song. When you download music, movies or software illegally, you're 5 stealing, and denying artists payment for their work. Illegal downloads hurt, but you have the power to stop them. Go to www.ncpc.org/getreal. Brought to you by the National Crime Prevention Council and the Bureau of Justice Assistance, U.S. Department of 10 Justice.

Department of Justice, https://www.justice.gov/audio/iptf/Worth%20Buying%2030%20sec.m4v (10.03.2017)

5. C
Hinweis: "Today, many music lovers refuse to pay anything to own a new song. When you download music, movies or software illegally, you're stealing" (Z. 2–5)

Ad 2: Concussion

1 **Girl 1:** Lisa, what did coach say?
Lisa: She said I had a concussion and can't play until my doctor clears me.
Girl 1: Come on, it's barely a thing. You're tough, and
5 we need you for the game.
Lisa: Trust me, I want to keep pushing, but I also want to play solid. It's better to miss one game than the whole season – or maybe even sports for the rest of my life.
10 **Girl 1:** Wow, tough and smart.
Woman: All concussions are serious, so give your brain time to heal. Visit www.cdc.gov/concussion to learn why. A message from CDC.

https://www2c.cdc.gov/podcasts/downloader/download.mp3?af=a&f=443234 (10. 03. 2017)

*6. F
Hinweis: "All concussions are serious, so give your brain time to heal." (Z. 11/12) Auch die Tatsache, dass das andere Mädchen Lisa dafür lobt, dass sie noch pausieren will ("Wow, tough and smart.", Z. 10), zeigt dir, dass Lisas Verhalten verantwortungsbewusst ist.

Ad 3: Bargain hunters

1 **Kelly:** My sister, Katie, and I are bargain hunters.
Katie: But my sister, Kelly, showed me an article that made me change a really bad habit. I used to buy bargain knock-offs on the street.
5 **Kelly:** You mean counterfeit merchandise.
Katie: And this can lead to more Americans losing their jobs.
Kelly: So, no more buying fakes, right?
Katie: Right. Just honest bargain hunting.
10 **Man:** Counterfeits hurt, but you have the power to stop them. Go to www.ncpc.org/getreal. Brought to you by the National Crime Prevention Council and the Bureau of Justice Assistance, U.S. Department of Justice.

Department of Justice, https://www.justice.gov/audio/iptf/Bargain%20Hunters%2030%20sec.m4v (10. 03. 2017)

*7. E
Hinweis: "no more buying fakes" (Z. 8); "Counterfeits hurt" (Z. 10)

Ad 4: Talking devices

1 **Speaker 1:** Hello, I'm a talking compass from CNIB. I help people with vision loss get around.
Speaker 2: I'm a bank note reader. I help identify money.
5 **Speaker 3:** I'm a talking color detector. I can help put wardrobes together.
Speaker 4: I am a talking kitchen scale. I get to work with butter. Oooh, butter.
Speaker 5: For services that help you live more inde-
10 pendently and a catalog of talking devices, visit cnib.ca. There are other ways to see.

http://www.cnib.ca/en/about/media/audio/Documents/OoohButter-CNIB-PSA.mp3 (10. 03. 2017)

8. B
Hinweis: Bei all den vorgestellten Gerätschaften handelt es sich um „talking devices" (Z. 10). Wie im ersten Beispiel gesagt wird, helfen sie „people with vision loss" (Z. 2), d. h., sie können die Augen ersetzen.

Listening Part 3: Cheap Ways to Travel

House Sitting

1 Last summer, I really wanted to travel somewhere far away, but I had just graduated from school and didn't have much money. So I talked to my uncle – he's been to all sorts of places couch-surfing, you know,
5 for free – and he told me about a travel experience he had once had – house sitting.
I decided to give it a go myself and contacted the same family my uncle had stayed with before – the Alvarez family in Costa Rica. I was in luck. They were
10 going on holiday, and after a telephone interview, they agreed to leave their home in my hands.
Besides all the usual things I had to do around the house, I had to look after their super expensive fish in the garden pond. Luckily, none of them died. They
15 may be pretty, but they are also quite boring. They are no substitute for my cat at home.
In return for my services, I had the chance to stay in a house that had an awesome view – a view of the nearby volcanoes, absolutely incredible. On one oc-

20 casion, though, when the earth actually started shaking, I got a little nervous, thinking something might happen to the house. Luckily, there wasn't any damage. What a thrill!

WWOOFing

1 Surprisingly, Wwoofing has nothing to do with dogs. Instead, WWOOF stands for World Wide Opportunities on Organic Farms. Essentially a work exchange, WWOOF is a massive network with oppor-
5 tunities for volunteers who work on farms all around the world.
Earlier this year, WWOOF turned out to be my ticket to a new place – Vietnam. A small farm close to Ho Chi Minh City, to be exact. For three weeks I worked
10 alongside two farmers there and helped grow all kinds of fruits and vegetables – all organic, totally natural. Also, we built a fence around the whole farm. The work kept me very busy, but it was great. The thing I especially enjoyed was preparing some Viet-
15 namese dishes using local herbs and spices – something that the family I stayed with showed me. And, you know what, because I spent so much time around Vietnamese people, I even picked up a bit of their language as well. Isn't that cool? *(enthusiastic)*
20 Unfortunately, not everything about WWOOFing is positive. You see, I later found out that volunteer tourism can do more harm than good. Taking jobs away from locals, for example. That's something I wish I had thought twice about before going there.

Aboard a Cargo Ship

1 Catching a ride aboard a cargo ship is difficult, but not impossible. That was what an online blog said about sailing the seven seas on the cheap. I followed the advice in the post on the Internet, and the next thing I
5 knew, I was on my way from Adelaide in Australia to Hamburg, Germany with ports of call in Singapore, the Suez Canal, and Valencia, traveling halfway around the world for more than two months.
At first I thought I would have to work on the ship,
10 doing chores like scrubbing the deck and such, but this is not allowed since becoming a crew member on a modern cargo ship requires years of training.
So, what was there to do? Not a lot, to be honest. I mostly kept busy with reading. I was the only pas-
15 senger on board. The crew was busy, working fulltime, so we didn't have a lot of interaction. Internet access was very limited. *(very positive/enthusiastic)*
But that was exactly what I wanted. No crowds, no noise, just long days at sea.
20 The only downside was that in some ports you were not allowed to get off the ship – so I didn't get to see much of the different countries.

9. from his uncle (Z. 3)
10. usual things around the house (Z. 12/13)/ look after expensive fish (Z. 13)
11. (house with) awesome view (of volcanoes) (Z. 18/19)
12. worked alongside farmers (Z. 9/10)/ helped grow fruits and vegetables (Z. 10/11)/ built a fence (Z. 12)
13. the work (Z. 13)/preparing Vietnamese dishes (Z. 14/15)/spent time around Vietnamese people (Z. 17/18)/picked up language (Z. 18/19)
*14. do more harm than good (Z. 22)/taking jobs away from locals (Z. 22/23)
15. online blog (Z. 2)/post on the Internet (Z. 4)
16. limited Internet access (Z. 16/17)/no crowds, no noise (Z. 18/19)/long days at sea (Z. 19)
17. sometimes leaving ship not allowed (Z. 20/21)/ didn't see much of countries (Z. 21/22)

Listening Part 4: Space Travel

1 **Commercial:** 4,3,2,1,0 … *(sound effect: blast)* You're pressed back into your seat at 3,000 miles per hour, and you're taken thousands of feet high into space. Then there is complete silence. You
5 unbuckle, and float around gently, lift up and hit the roof. And then you turn somersaults, look out of the window … back at our beautiful Earth. The ride of a lifetime! Buy your ticket now: only $ 250,000.

10 **Host:** As we have just heard a new spaceflight era is about to begin: space tourism. Good afternoon, I am Jenny Robinson and welcome to *Space Talk.* Before we get started discussing this topic, let me introduce my guests: first of all, the man who
15 will soon be going on a trip to space, here he is … Tony Lehane, a rocket scientist at Galactic World. Galactic World is an American company that hopes to take "space tourists" on sub-orbital flights in the very near future.

20 **Tony:** Nice to be here.

Host: Also here with us is 17-year-old Marion Porter, from Texas, who wants to be an astronaut and says the sky is not her limit.

Marion: Hello.

25 **Host:** Marion, tell us why you would like to be an astronaut?

Marion: Well, since I was a child, I have been fascinated by the moon, by the twinkling of the stars in the night sky. I used to play every kind of 30 game that had anything to do with planets, astronauts, weightlessness and that kind of stuff. I was also very lucky because my parents really supported me in every possible way.

Host: So what do you think about space tourism?

35 **Marion:** I think it will be with us sooner than we think. Someone told me that the Oxford Dictionary will soon add the word "touronaut" as the latest entry to describe private space adventurers. A lot of people are signing up for sub-orbital 40 flights and there are companies that are interested in building hotels in space. I am actually more interested in space research but who knows – maybe in 20 years I'll be working in space tourism. You never know!

45 **Host:** Just to clarify this for our listeners: What exactly are sub-orbital flights? Marion …?

Marion: A sub-orbital spaceflight takes people to the edge of space, which is higher than 100 km above sea level. So it's not that far to space. If 50 your car could travel vertically, you'd reach space in about an hour.

Host: Very interesting. And you, Tony, are working for a private company which is developing new technology to offer safe journeys to space. You 55 yourself have booked a flight to space. Why on earth would you or anyone else for that matter want to spend their vacation in space?

Tony: Well, for me it's the final frontier … the unbeaten track, the next hot travel destination. 60 Other people? Some want a mind-blowing experience; others want to get a quick look at the earth from above. And everybody wants to flood Instagram with selfies of themselves floating around in space. And we at Galactic World are 65 developing the technology to make such dreams come true. You know, the possibility of getting into an aircraft, fastening your seat belt and taking off into space is no longer science fiction. In fact, hundreds of travelers have already prepaid 70 $ 250,000 each for their seats.

Host: $ 250,000 is a lot of money. That means that space travel is only for extremely rich people: a decadent joyride for those who have money to burn. What about the other 99 %? What about 75 me and my listeners?

Tony: Well, that's the way things are at the moment. But as space tourism develops we will be able to cut costs and reduce energy consumption. This will allow us to bring large numbers of tourists 80 into orbit, which will eventually make orbital trips cheaper.

Host: But still, I think the price is astronomical.

Tony: But just think of what you'll get: a spectacular look at the Earth, the blackness of space and the 85 experience of floating weightlessness. And the $ 250,000 is not only for 2 1/2 hours in space – it's actually a 3-day package deal. Passengers will take part in a 2-day training session at our spaceport in New Mexico. We'll teach safety pro- 90 cedures, basic physics, breathing techniques, and most important zero-g etiquette … you know, basic manners when everyone is floating around the cabin … no kicking each other, no Kung Fu fighting. We'll teach people how to relax and en- 95 joy the trip.

Host: Sounds like fun! But in a way the idea is absolutely crazy in a time when really we should be <u>reducing</u> our carbon footprint and fly less. You know, no weekend trips by plane, no long-dis- 100 tance flight for a two-week fun trip to Asia. Saving energy seems to be the big issue of the 21st century … and now space travel?

Tony: Well, our company is working on a solution to these problems. We are designing innovative 105 spacecraft. We put a lot of thought into the development of alternative fuels putting spaceships into space with <u>almost</u> no CO_2 emissions at all … Our aim is to let people explore space without doing any more damage to the environ- 110 ment.

Host: I must admit I really have a problem believing in green space travel. Marion, what do you think?

Marion: Well, I see things in a different way. Let's say space tourism takes off. Well, in a way I'd say 115 that every space tourist might become an environmentalist. And it's because of the overview effect that I've read about … The overview effect is a mind shift. Looking down on our tiny planet from way up in space changes a person's perspective. It's that "a-ha" effect which makes us want to work together to survive on our own delicate planet. So I think that viewing the earth from space will change people's attitudes about pollution and the environment. It will make people want to protect our precious planet.

Host: Ah, yes, I've heard of that effect. So you are saying that we have to go to space in order to save the Earth?

Marion: In a way, yes. *(sheepish voice)* And anyway: it is in our DNA to explore our environment. When we push our limits, we find new things. We just have to try new stuff.

Host: Oh, that's another interesting point. Let's look into it in more detail after the break. And now we'll have a short break. Be back to you … *(fade out)*

18. B

✍ *Hinweis: "The ride of a lifetime! Buy your ticket now" (Z. 8)*

19. A

✍ *Hinweis: Auf die Frage "tell us why you would like to be an astronaut?" (Z. 25/26) antwortet Marion: "since I was a child, I have been fascinated by the moon, by the twinkling of the stars in the night sky. I used to play every kind of game that had anything to do with planets, astronauts, weightlessness and that kind of stuff" (Z. 27–31). Auch wenn ihre Eltern Marions Weltraumbegeisterung immer tatkräftig unterstützt haben (vgl. Z. 32/33), heißt das nicht, dass auch sie in den Weltraum geflogen sind.*

*20. C

✍ *Hinweis: "I think it will be with us sooner than we think." (Z. 35/36)*

*21. A

✍ *Hinweis: "for me it's the final frontier … the unbeaten track, the next hot travel destination." (Z. 58/59) Tony erwähnt auch „flood[ing] Instagram with selfies" (Z. 62/63). Hier geht es aber nicht um sein eigenes Vorhaben, sondern um die Gründe anderer Menschen, am Weltraumtourismus teilnehmen zu wollen.*

*22. C

✍ *Hinweis: Auf die Aussage der Moderatorin, "$250,000 is a lot of money." (Z. 71), antwortet Tony: "Well, that's the way things are at the moment." (Z. 76) Er bestreitet also nicht, dass Reisen in den Weltraum sehr teuer sind. Allerdings rechnet er damit, dass sie billiger werden, je mehr Menschen in den Weltraum fliegen (vgl. Z. 77–81). Er geht also fest davon aus, dass mehr und mehr Menschen die touristischen Angebote wahrnehmen werden.*

*23. B

✍ *Hinweis: "We'll teach … most important zero-g etiquette … you know, basic manners when everyone is floating around the cabin" (Z. 89–93)*

*24. A

✍ *Hinweis: "We are designing innovative spacecraft. We put a lot of thought into the development of alternative fuels putting spaceships into space with <u>almost</u> no CO_2 emissions at all" (Z. 104–108)*

*25. C

✍ *Hinweis: "The overview effect is a mind shift. … It's that 'a-ha' effect which makes us want to work together to survive on our own delicate planet. So I think that viewing the earth from space will change people's attitudes about pollution and the environment. It will make people want to protect our precious planet." (Z. 117–125)*

Reading Part 1: What to Do in and around Cape Town (South Africa)

✍ *Hinweis: In diesem Leseteil sollst du den Personen passende Unternehmungen in Kapstadt zuordnen. Lies dir die Beschreibungen und Vorlieben der Personen genau durch, anschließend die Erklärungen zu den in Kapstadt gebotenen Aktivitäten. Unterstreiche Details und relevante Informationen. Zu jeder Person passen zwei Aktivitäten und die Unternehmungen können mehr als einer Person zugeordnet werden. Möglicherweise wirkt es zunächst so, als wären für manche Personen mehr als zwei Aktivitäten geeignet. Die Vorschläge sollten aber die Interessen der Personen möglichst vollständig abdecken. Nur weil Connor beispielsweise die „tastes" der Stadt mag, ist E trotz der Weinverköstigung nicht das Richtige für ihn. Fahrradfahren oder sportliche Aktivität wird in Connors Beschreibung an keiner Stelle erwähnt.*

1./2. A, D

Hinweis zu Hiyam: "she's also into painting. She likes to see the works of others. A short stroll in the neighbourhood where some local resident shows her around" Hiyam malt gerne und interessiert sich auch für die Kunst von anderen. Am liebsten würde sie ihren Kunstgenuss mit einem von einem oder einer Einheimischen geführten Spaziergang verbinden.

"can you imagine sitting in a tiny cell with a killer circling around you? Hiyam can. In fact, she has always wondered how it would feel to be just metres away from these dangerous creatures." Außerdem ist Hiyam ein Adrenalinjunkie und würde gerne mit gefährlichen Tieren auf Tuchfühlung gehen.

→ activity A: "A guide who lives in this district will take you on an art walking tour where you will experience what 40 national and international artists have contributed to the community" Ein Kunstspaziergang, auch noch geführt von einer Person aus der Gegend – das passt perfekt zu Hiyams Plänen.

→ activity D: "On this tour you can get face to ragged face with this dreaded 'king of the seas'"; „the cage that separates you from the great white" Hier kann Hiyam den gefährlichen weißen Haien ganz nahe kommen.

3./4. C, G

Hinweis zu Connor: "Twenty years ago Connor worked for a non-governmental organization in Cape Town. Now he ... wants to see how the housing situation in the city has changed." Connor interessiert sich für die Wohnverhältnisse in der Stadt und inwieweit sich diese innerhalb der letzten Jahre verändert haben.

"he would like to bring back the memories of the tastes and sounds he once enjoyed so much." Er möchte außerdem kulinarische und akustische Erinnerungen auffrischen, d. h. den Geschmack und die Geräusche der Stadt (wieder)erleben.

"Combining this with getting to know real Cape Towners would be the icing of the cake." Connor sucht außerdem den Kontakt zu echten Kapstädtern.

→ activity C: "The full day tour provides the extraordinary chance to connect, mingle and share cultural principles with the local community. Visit several townships across Cape Town and learn how life has improved there over time."; "see how proper house development projects have transformed poor areas to the better" Bei dieser Tour geht es genau um die Weiterentwicklung der Wohnverhältnisse, für die Connor sich interessiert. Mit Einheimischen kann er dabei auch in Kontakt kommen.

→ activity G: "On four nights you are going to visit different local jazz musicians in their homes. There you will spend a musical evening with freshly prepared delicacies of the Cape and talk to the musicians first-hand." Diese Jazz-Safari deckt Connors weitere Interessen, die Musik und die Speisen Kapstadts, ab. Auch hier ist der Kontakt zu echten Kapstädtern garantiert.

5./6. C, F

Hinweis zu Romina: "Now she wants to see ... how the living conditions in Cape Town have improved" Romina will die Geschichte Südafrikas und den Aufwärtstrend des Landes mit eigenen Augen erleben.

"She ... would like to join a tour which shows her the diversity of South Africa's animal kingdom." Außerdem ist sie interessiert an der südafrikanischen Tierwelt in ihrer ganzen Vielfalt.

→ activity C: "Journey through the three South Africas: The birth ..., Apartheid South Africa ... and, the New South Africa"; "Visit several townships across Cape Town and learn how life has improved there over time." Diese Tour macht die Geschichte Südafrikas erlebbar.

→ activity F: "The diverse environment of the reserve is heaven to passionate wildlife watchers and birders. Giraffes, zebras, lions, rhinos, springboks, just to name a few, as well as 172 species of birds ... are found on the reserve." Hier kommt Naturfan Romina voll auf ihre Kosten.

7./8. B, E

Hinweis zu Joan: "she would like to learn more about the darkest chapter of Apartheid South Africa – how life must have been for the people who were oppressed and locked up in jail." Joan möchte mehr über die dunkelste Seite und über Gefangene des Apartheid-Regimes lernen.

"Exploring the area has to come with a physical challenge for Joan. So she is looking for a guided trip in the countryside" Joan ist sportlich und

würde sich die Gegend um Kapstadt gerne aktiv erschließen.

→ activity B: „A symbol . . . of centuries of cruel oppression"; "Especially Mandela's claustrophobic cell in the prison is a harrowing reminder of the injustices carried out during the apartheid era" Im Robben Island Museum kann Joan sich ein Bild vom Leben im Gefängnis während des Apartheid-Regimes machen.

→ activity E: "This is a perfect way to combine some physical activity with seeing the sights around the Cape Peninsula."; "This adventure is suitable for experienced cyclists only." Für die sportliche Joan ist diese Tour perfekt.

9./10. A, F

✎ *Hinweis zu Eli: "Another thing he likes is experiencing visual art – something that has left an imprint on the neighbourhood. Let it be spontaneous and Eli is in." Eli mag Kunst und möchte sehen, wie sie eine Gegend verändern kann. Spontaneität ist ihm ebenfalls wichtig.*

"Eli has read all about the 'king of the animals' . . . which he wants to see on a tour." Eli liebt den „König der Tiere" und würde ihn gerne einmal live erleben.

→ activity A: "One of Cape Town's oldest suburbs, Woodstock, has undergone a dramatic transformation in recent years"; „an art walking tour where you will experience what 40 national and international artists have contributed to the community to make it more attractive"; "advance booking is not necessary" Bei der Street Art Walking Tour kann man den Einfluss von Kunst auf eine Gegend direkt sehen. Für den spontanen Eli ist es außerdem vorteilhaft, dass man hier nicht im Voraus buchen muss.

→ activity F: „Wildlife Safari Tour"; „Giraffes, zebras, lions, rhinos, springboks" Hier ist Vorsicht geboten: Auch wenn der Hai in der Beschreibung zu Aktivität D als „king of the seas" beschrieben wird, ist mit dem „king of the animals" ein Löwe gemeint, den man nur bei Tour F erleben kann.

Reading Part 2: Short Texts

11. A

✎ *Hinweis: "It's my little brother's wedding." Es handelt sich also um eine Privat- bzw. Familienfeier.*

*12. *Aus lizenzrechtlichen Gründen fehlt diese Aufgabe.*

13. B

✎ *Hinweis: "Do not knock and wake us up before 10 a.m."*

*14. C

✎ *Hinweis: "Please help stop this: sign the petition"*

15. A

✎ *Hinweis: "Professional barber & hair stylist wanted" Das Wort „wanted" zeigt dir, dass jemand gesucht wird. In diesem Fall geht es um einen Aufruf an Personen, die in einem Haarsalon arbeiten wollen.*

*16. D

✎ *Hinweis: Es geht hier darum, das Feld zu schützen, indem man neue Wege wählt ("pick your own route"). Die Schafe sind nur abgebildet, um zu verdeutlichen, dass der übliche Weg schon völlig ausgetreten ist. Abfall und das Pflücken von Blumen werden gar nicht erwähnt.*

Reading Part 3: Is It Safe to Turn Your Children into YouTube Stars?

17. C

✎ *Hinweis: "But family vlogging is on the rise" (Z. 18)*

18. C

✎ *Hinweis: "The family earns thousands of pounds a year from adverts and product placements in their videos, neither Jonathan nor Anna need to work traditional full-time jobs." (Z. 33–37)*

*19. A

✎ *Hinweis: "parents need to think very carefully about how the material they are filming is available for the world to see in perpetuity" (Z. 41–44); "Footage of a child that might be fine aged two or three could be very distressing if it was available on the blogosphere when they were 12 or 13." (Z. 49–53) Beide Zitate warnen vor den Langzeitfolgen des „family vlogging".*

*20. A

Hinweis: "the children of YouTube probably don't face the same risks that made traditional child stars … lose control of their lives." (Z. 54–59)

*21. B

Hinweis: "When asked why legal regulations do not apply to YouTubers, a Department of Education spokesperson said: 'We trust parents to act in the best interests of their children.'" (Z. 71–75)

*22. C

Hinweis: "I don't make the children do anything." (Z. 93/94)

*23. B

Hinweis: "nine-year-old Avia begs her father to remove part of the video where she talked about flirting with a classmate. 'But this is good footage!' her father replies … 'I promise you, listen, in 10 years from now, you will look back on this video and you'll be like 'that was so cute …'" (Z. 97–105)

*24. C

Hinweis: "some form of regulation is needed." (Z. 121)

*25. D

Hinweis: Der ganze Text steht dem Thema „family vlogging" eher kritisch gegenüber und sorgt sich vor allem um die Rechte der Kinder, die dabei gefilmt werden. Besonders deutlich wird das in Prof. John Oates' Bedenken bezüglich der Langzeitfolgen (vgl. Z. 41–53) und bezüglich der bisher fehlenden Regularien (vgl. Z. 66–70, 121–125). Was als besonders kritisch eingestuft wird, sind die „financial gains to be made" (Z. 78/79). Diese könnten die Eltern dazu verleiten, das Kindeswohl zu vergessen. Die Gesamtaussage könnte also lauten, dass Eltern mit ihren Kindern kein Geld verdienen sollten, sondern stattdessen deren Wohlergehen höchste Priorität haben sollte, was perfekt zur Aussage D passt.

Writing Part 1: Your Photo

Hinweis: Hier hast du die Wahl zwischen zwei verschiedenen Fotos, die du in einer Chatnachricht beschreiben sollst. Wähle das Foto aus, zu dem dir spontan eine kurze Geschichte einfällt. Wichtig ist, dass du die drei Fragen „Wer ist auf dem Bild zu sehen?", „Wo wurde das Bild aufgenommen?" und „Was macht/machen die Person(en) auf dem Foto?" beantwortest.

Photo A

Beispiellösung:

I took this photo last weekend. We first went to the zoo and saw the monkeys. Later we were at the park and my father, who is sometimes weird, pretended to be a monkey and climbed a tree. What's the silliest thing your dad has ever done? (47 words)

Photo B

Beispiellösung:

This picture is proof that my sister is crazy about football. Not just any football, but she loves the national team. Here she is with her friends at the stadium. They were so hyper, I just had to take a picture of them and post in on Facebook. So, do you still want to meet her? (56 words)

Writing Part 2: Class Chat

Hinweis: Auch hier ist es wichtig, dass deine Blognachricht zu der abgedruckten passt. Achte also darauf, den Blogger/die Bloggerin anzusprechen und auf seine/ihre Fragen einzugehen. Die folgenden Punkte solltest du in deiner Nachricht behandeln: Was denkst du über deinen Klassenchat? Warum sollte Annoyed AppUsR trotz aller Probleme im Klassenchat bleiben? Welche Regeln sind denkbar, um den Chat weniger störend zu machen? Und sollten Lehrkräfte am Chat teilnehmen dürfen?

Beispiellösung:

Hey Annoyed AppUsR,

We had exactly the same problem in our class chat, hundreds of messages every day. That was really annoying. But then we made up rules: only information that is relevant for all students, no jokes, and if people want to send something personal, they have to do that on a private chat. If your classmates don't agree, you can simply turn your phone volume off for that group. I wouldn't leave that chat because it keeps you informed about things going on at school. If your teacher wants to join the chat, why don't you just open another chat without your teacher? However, the first class chat will become pretty quiet and focused on really important stuff. So, that might not be too bad after all.

Happy chatting,
Dave (132 words)

✶ Writing Part 3: Mediation – Neighbourhood Project

✎ *Hinweis: Beachte, dass es hier nicht nur darum geht, einen der deutschen Artikel auf Englisch zusammenzufassen. Du sollst das außerdem in Form einer E-Mail an eine/n Freund/in tun, der/die auf der Suche nach Ideen für ein Nachbarschaftsprojekt ist. Vergiss also nicht, Kim direkt anzusprechen und typische Gruß- und Abschiedsformulierungen zu verwenden. Wähle den Artikel aus, bei dem es dir leichter fällt, die Hauptzüge des Projekts auf Englisch wiederzugeben, und konzentriere dich auf die Punkte, die für die Umsetzung eines ähnlichen Projekts in Kims Nachbarschaft wichtig sind.*

Beispiellösung zu „Ein Teller Heimat":

Dear Kim,

I read an interesting article about a neighbourhood project. It's called "Ein Teller Heimat", which roughly translates to "A plate full of home". There locals and refugees get together in a relaxed atmosphere to have dinner. People take turns preparing local food from their home countries and thus share their culture with the neighbours. They meet in a restaurant on the day it's usually closed. Maybe you will also find a restaurant to cooperate with you. Besides getting to know tasty food and local eating customs from different parts of the world, Germans and refugees from different ethnic groups can talk to each other and have a good time together. Perhaps this is an inspiration for your neighbourhood project. If you have any questions, let me know. I hope this helps!

Best regards,
Peter (136 words)

Beispiellösung zu „Repair-Café":

Hi Kim,

I read an interesting article about a neighbourhood project called "Repair Café". People come together to fix gadgets instead of throwing them away. Economically speaking, it might often be cheaper to buy new products, but this is not sustainable. The Repair Café wants to work against the throwaway society that we've become and contribute to the protection of the environment. At the café you can meet people who know how to fix things, the so-called helpers. And you can learn how to repair your stuff yourself. You can also visit a Repair Café without a broken device, just because you like talking to others who care about the environment. I think this is a really interesting project where people can meet each other and even become friends. What do you think? Looking forward to hearing from you again.

Best regards,
Ella (143 words)

Lösungsheft zu Training 2020: MSA und eBBR
Berlin/Brandenburg Englisch (Best.-Nr. 11155ML)